痛苦是条虫

麦家 著

中信出版集团|北京

图书在版编目（CIP）数据

痛苦是条虫 / 麦家著 . -- 北京：中信出版社，
2025.8. -- ISBN 978-7-5217-7950-9
Ⅰ . K825.6
中国国家版本馆 CIP 数据核字第 2025YA4576 号

痛苦是条虫
著者：麦家
出版发行：中信出版集团股份有限公司
（北京市朝阳区东三环北路 27 号嘉铭中心　邮编　100020）
承印者：河北鹏润印刷有限公司

开本：855mm×1180mm 1/32　　印张：6.5　　字数：150 千字
版次：2025 年 8 月第 1 版　　印次：2025 年 8 月第 1 次印刷
书号：ISBN 978-7-5217-7950-9
定价：58.00 元

版权所有·侵权必究
如有印刷、装订问题，本公司负责调换。
服务热线：400-600-8099
投稿邮箱：author@citicpub.com

序言

作为一个写作者,我经常不理解自己,有时我觉得自己天生是个作家,因为我童年是那么不幸——海明威说不幸的童年是作家最好的训练,我有童子功,心中有淤泥要疏浚,写作是我的命,也是渡我的桨。有时,我又觉得自己并不配当作家,因为我写一本书是那么难,总是殚精竭虑,颠来倒去推敲、修改,又不免胎死腹中:这样的惩罚像季节一样更替不止。

两种感受像死对头,从不悔改,不时晓行夜宿,神出鬼没,搞得我时常灰头土脸,厌倦厌世,怀疑人生。但人生怀疑也得过,就这样我过了青年、壮年,过了花甲之年,写了一堆作品,有所谓的"谍战三部曲"(《解密》《暗算》《风声》),也有《人生海海》《人间信》等这样的"故乡曲"。

据说,作家水平越高,就越不喜欢谈论自己写的东西。其实与水平高低并无干系,又有谁愿意谈呢?如实说,写一本书已经十难九苦的,事后还要对它进行拆解,导游一样深入浅出地讲解、说明,刨根问底,去伪存真，照亮各个暗道角落，且结果极可能吃力不讨好——谁愿意呢？

我今此愿意了，一二三四五，如实道来，不作保留，实诚得很。得亏他们推波助澜：×、王德威、何平、季进、季亚娅、姜广平、骆以军等七人（以姓氏笔画排序），他们直接参与了本书的叙事运动，接力赛跑一样，合力把我推送到终点。换言之，他们和我一样是此书作者：在此也许是说者更贴切。无论是说者还是作者，我们均以传播的方式在认同或反对某些观念和秩序。

麦家

2025年3月25日

目录

I 序言
麦家
2025 年 3 月 25 日

001 你一定要寻找自己独到的生活
采访者　王德威
2018 年 4 月 16 日

027 孤独成了我的花园
采访者　×
2014 年 8 月 21 日

043 痛苦是条虫，会钻到深处躲起来
采访者　姜广平
2007 年 11 月中下旬对话，2008 年 5 月上旬作补充

061 从指缝逃走的鱼，你会把它想象得特别大
采访者　季亚娅
2008 年 8 月 9 日对话，2008 年 8 月 29 日定稿

107 我庆幸自己没有迅速成名
　　　采访者　何平
　　　2020 年 8 月 18 日

127 我为什么转型？
　　　采访者　季进
　　　2019 年 3 月 16 日访谈，2019 年 5 月 31 日整理

147 直面自我幽暗的内心
　　　采访者　季进
　　　2024 年 5 月 25 日

175 从最私处起手，去拥抱高贵的文学现实
　　　采访者　骆以军
　　　2019 年 4 月 16 日

191 后记　强悍的生活让作家丧失想象力
　　　麦家
　　　2020 年 9 月 9 日夜

我好像孙悟空,被压在石头下面 11 年,压得我基本功已练得非常好,除非你不让我上舞台,只要让我登上舞台,我会不停表演下去,直到死。

你一定要寻找
自己独到的生活

采访者
王德威

2018 年 4 月 16 日

这个对话是一堂课，在座的多为王德威先生的硕士、博士生，另有个别博士后。我们在阴云密布的午后开始聊，两面大玻璃窗户内盛满了阴沉的空气。与其说是教室不如说是一间大会客厅，没有讲台没有阶梯，大家坐的都是铝架折叠椅。我有严重的腰肌劳损，对座位颇有挑剔，这下只能将就坐。身体没受到善待，注意力就不够集中，我的目光常越过同学肩膀或发顶，弹出窗外。间或看到几只乌鸦在格子玻璃窗外的树林间迟缓掠过，丢下一尾嘎嘎叫声，粗笨的，破碎的。我心想，这是要落雨的征兆。果然，下课时雨水已在屋檐外连成线落下。王先生客气，预订了餐桌请我共赴晚宴。我们想等雨小些再出门，就在王先生的办公室里稍坐浅聊，雨却不通情，越下越大，且一副不买账的架势。眼看雨无意停下来，我们只好硬着头皮一头扎进嗒嗒的雨声中。我是说，雨点砸在伞布上发出嗒嗒响声，足见雨之大，说滂沱也不为过。餐馆并不远，五六分钟脚程，行至一半我感到湿了鞋帮，再看王先生裤脚已浸湿。他打的又是那种适宜遮阳的折叠伞，伞冠轻小，加上一直替我们开路，一路左冲右突，吃的雨水自然多。这场雨下得可不厚道，让我生出沉重歉意，至今都没有完全遣散。

王德威 我想我们今天非常地难得，请到了应该说是国际有名的作家——麦家先生到哈佛大学，和我们谈一谈，或者是做一个对话，关于他个人写作的经验，也关于像《风声》《解密》这类小说，它们在中国以及国际文学界所产生的各种各样的影响。我刚才得知，最近好莱坞正在商谈麦家先生一个新的作品改编，所以我们也特别有兴趣知道这个电影和文学之间的关系。刚才在等待你们两位光临的时候，我们同学已经迫不及待地看了一部分的《风声》电影，我想我们等一下再看这个电影，现在先和麦家先生聊一聊。

今天来的绝大多数都是我们研究所的研究生，同时中国台湾的李教授和新加坡的小说家陈济舟也在这里，所以这是一个难得的机会。我们今天的方式是这样：先请麦家先生稍微谈一下他个人的创作经历，他的几部重要小说在中国以内和以外所得到的各种反响，他的创作的理念等。我想，我们用一种最轻松的方式来一起对话，包括我自己在内，也有一些问题想要请教麦家先生。现在我们先请麦家先生大概谈一下这些年的创作经验，从您个人的眼光所看到的对您几部作品的反响，还有您个人的一些反馈，好吗？

麦　家　很高兴来到哈佛——全世界学人的天堂、象牙塔。王教授可以说是华语文学的独孤求败。

王德威　有人说我是岳不群。

麦　家　独孤求败也好，岳不群也好，总之是武林高手。所以这次见面一方面是在我的期待当中，另外一方面，面对哈佛的学者，武林高手们，我心里真是惴惴不安。作为一个小说家，我觉得确实写了那么多年，刚刚王教授说让我谈谈我的写作经历，经历肯定是很丰富的，也是我很重要的一段人生阅历。不过听了我写小说的经历，可能很多人都不想写小说了。

其实我年纪是跟苏童、格非都差不多的。我是1964年1月份出生的，严格说，苏童比我大一岁，格非比我还小几个月。但苏童、格非他们成名的时候，我还在暗地里趴坑呢。其实我开始写作的时间并不比他们晚多少，我是1986年就开始写作，但真正出版第一部长篇小说，是在2002年，就是《解密》。今天《解密》确实给我带来了无限风光，名利双收，多得我已经盛不下。但这个小说在当初写作的过程中，真的是历经磨难。

印象很深，我是从1991年开始写的，当时我在解放军艺术学院读书，马上毕业的时候突然心血来潮，要写一个大东西，然后就踏上了一条不归路，一写就是11年。这部小说，大家刚才看到了，就是薄薄的一本，总共也就20万字。很多人觉得很奇怪，一共20万字凭什么你写了11年？很简单，就是因为不断地被退稿，累计17次。这个退稿量，我觉得可能是破纪录的。为什么退稿？有多种原因，就我主观来说，因为是刚刚开始写的第一部长篇小说，可能写作技术、经验都在考验我，但我觉得有另外一个巨大的考验：我这个小说本身，它的写法包括这种敏感题材，对编辑也是一种考验。

我记得博尔赫斯曾说过一句话，我觉得说得挺好，他说："每部作品都是作家和读者的某种合作，甚至是某种合谋。"一部作品表面上看是作家写出来的，实际上是读者要出来的。你写的东西读者不要，就只能被锁在抽屉里，形同虚设，它只是作家的一个感情经历而已，不能成为作品。一个作品的诞生肯定要经过出版，到读者手上。这样，它才能像电路一样完成回路。

为什么后来的《暗算》《风声》全都出版得很顺利，而《解密》要历经那么多磨难？就因为它是第一部，第一只螃蟹。很多编辑，可以说中国很多有名有姓的所谓大编辑，都对这个稿子产生过异议。这种异议有时是针对我的：一个无名小卒；有时是针对作品的：一个题材和写法全新的东西，题材甚至是敏感的。没有哪个编辑愿意为我——一个无名的写作者——来冒险，他们可能愿意为王教授来冒险，但不会为一个无名小卒来冒险。话说回来，《解密》这个小说本身就题材来说是有一些独到性的，也有一些敏感性，可以这么说，在我之前中国没有哪个作家去写过这种题材。

（20世纪）90年代以后，中国文学界其实进入了反英雄、反崇高的这么一个思想潮流。我印象很深，在我投稿的过程中，有些编辑其实跟我私交很好的。当时一位很有名的主编叫李巍，是《大家》杂志主编，《大家》当时在国内是很火的，有一天晚上他住在我家里，晚上睡不着觉——年纪大了——两点钟把我从床上叫起来，跟我谈。他看了我的小说，语重心长地对我说，麦家啊，现在是什么年代，现在是一个反英雄的年代，你怎么能还在写英雄？塑造一个无名英雄？

为什么反英雄？中国"十七年革命文学"塑造了一大堆英

雄,这些英雄一方面(表面)是高大上的,一方面(实际上)是假大空的。这种"假大空"导致了读者读到英雄就反感,而我就想塑造一群无名英雄。其实,我已经意识到"十七年革命文学"的英雄是假的,读者不要,所以我在挑选英雄的时候,故意挑选那种有残缺的,身体上有缺陷的,命运(精神)上也有明显缺陷的英雄。我想敲碎高大全的、没有缺陷的完美英雄这么一个偶像,但归根结底你还是在塑造英雄。或者进一步来说,你写的东西是国家主义的东西,你这个人物是钉在国家这面墙上的,而自20世纪80年代起,尤其到了90年代,中国文学进入了私语化写作、自由写作、身体写作,甚至是下半身写作。我觉得中国的90年代是非常奇特的年代,就是大家的欲望彻底张开了,市场进来了,欲望突然被合法化了。在欲望面前,一切道德、高尚都躺下了,豁免了,而我却反其道行之,要写一群没有欲望、心中只有国家的英雄。

那么为什么到了2002年,我的小说不但出版了,而且出版以后一下子引起了很大的反响?这部小说出版后很快登上当年的长篇小说排行榜第一名,得了第六届国家图书奖,茅盾文学奖也进了提名。为什么这部小说转眼之间又有很多人认可呢?其实是经过了十多年的所谓"私人化写作"之后,大家对这种过于反映私性的东西,过于跟国家或者说跟集体、信念没关的东西,无关一个群族痛痒的东西,厌倦了,审美疲劳了,反而回头来追捧另一种类型。这在影视上体现得最为充分。

在我印象中，当时的电视剧《激情燃烧的岁月》，包括我的《暗算》还有《亮剑》，开始发行时都很困难，没人要，要的也都是便宜出手的，播出后却慢慢发酵，成为荧屏主流。同样的作品，在十年前没人看，现在却成为宠儿。我觉得这就是作家需要读者的配合，读者想要什么的时候你能给他，你就能收获幸运。像苏童、格非他们是在（20世纪）80年代成名的，当时中国充满了探索精神，充满着想跟世界拥抱的那种热切，他们的作品符合了时代的需求，他们也一下子成为非常受读者欢迎的作家。但我没赶上趟儿。

王德威 其实后来您有这么大的国际声誉，我想也算赶上了。因为到21世纪的时候，尤其像影视方面的传播，让您这部小说本身的感染力更强大。所以我觉得这是一个很特殊的现象。我想请教您，其实您说从1986年开始创作，那个时候您还在军中，有一段军中经验，好像和《风声》《暗算》所处理的题材和背景是有关联的。很多读者应该都问过有关密码、钩心斗角的军事行动等问题，您好像如数家珍，这个知识是怎么样得来的呢？

麦　家 因为写的时间长。一部小说要写十来年的话，在写的过程中可以大量地积累，你会有意识地去搜集很多数学上的知识，包括密码的知识。我觉得知识是可以学习的，放在一个长达十年的时间段里，搜集这些知识是非常容易的。关键在于，对一个作家来说，你为什么写这个，写这种人？就是别人没有写，我麦家凭什么写？我觉得这个问题其实是值得关注的。

我1986年开始写作，由于生在农村，刚开始我也写了很多农村的小说，真的写了很多，但纷纷被韩少功、李锐们打得简直体无完肤。因为农村的小说他们写得太好了，他们的体验比我饱满生动得多。后来我遇到了一些文学专家，他们说，麦家你一定要寻找自己独到的生活。然后我就开始找，发现我还是有个独到的生活，就是小说里的那种生活，特别单位701的生活。我是1981年上的军校，是一所很特殊的军校，去的时候并不知道那是一个培养情报员的学校，你们听这名字——解放军工程技术学院无线电系，谁能想到？当时我想工程技术学院肯定就是造房架桥嘛。

这里我先来说说，当时为什么要上军校，这跟我家的政治地位有关。我家在"文革"时是被彻底打趴在地上的，我父亲是"反革命"，外公是地主，爷爷又是基督徒。我在一个低到尘埃里的家庭长大，一直被社会抛弃，被同龄人抛弃。我在同学当中没有朋友，上高中前我只有一个朋友，就是我的日记本。我从12岁起一直在写日记。可以说，我的写作其实是从写日记开始的。日记最后变成了我的一场病，因为每次写日记我就想起辛酸的童年，很压抑。我想把这根"尾巴"割掉，但我割不掉，我像吸毒一样克服不了，每天都想写日记。直到1997年我第一个孩子出生的时候，那天我又有一种冲动要写日记，我就强迫自己去看儿子，我对自己说，你已经为人父了，再也不能和自己的过去，和自己的辛酸往事纠缠在一起。这完全是一种强迫性的，像有人戒烟，贴了一个大字报在床头——吸烟有害健康，我就是用这种仪式，生拉硬扯地戒掉了写日记的"陋习"。但还是经常会犯老毛病，比方说一出来做什么活动，我肯定带着日记本。这是另外一个话题。

话说回来，我从小生活在这样一个特殊的家庭，这个特殊的家庭给我留下了一种特殊的记忆，其实是一种恐惧，对自己家庭出身的恐惧。为什么我当时特别想上军校？就是想改变一下自己和家庭的政治地位。我参军了以后，家里一下子变得阳光了，等于说是为国家在献身嘛。我当时被军校录取的时候，村里还有人去举报，说这样家庭里的人怎么能当兵？当兵是一种荣誉啊！他们是去人武部举报的，人武部说，对不起，他走的不是我们这条路（参军），是部队军校直接把他录取的。

话又说回来，我当时根本不知道它是一所情报学校，去了以后才发现是一个培养情报员的学校。毕业以后，我就到了国家的情报机构，最基础的搜集情报的手段就是窃听。当时我窃听的是一个地区的空军，我对对方每个飞行员名字，包括他们有没有情人，有多少小孩，都了如指掌。这是我很特殊的一段生活经历。

王德威 我觉得看您的作品和一般的谍报小说感觉有不一样的地方，它有一个很深沉又压抑的部分，您刚才说到，也许是因为成长的背景或者与军事情报部门的训练有关，这些的确不像是一个小说家可以凭空想象或者造出来的。《风声》和《暗算》

都有一个很庞大的、很压抑的东西在里面，也可以说它是一个历史的或者政治信仰的东西，或者别的什么东西。这个是让我觉得您的谍报小说的处理，和一般的所谓通俗的谍报小说有很大不同的原因，它有一个深沉的东西，而且这东西掌握着作品中每个人物的命运。它不是一个简单的国家主义或者爱国主义，我觉得这是一部分，同时它里面人物本身的个性，人与人之间那种阴郁的纠结，我觉得可能是打动读者的另外一个原因。

但是说到具体的实际写作——我们等一下有一段电影可以放一下，电影当然拍得非常好，可是没有像原作那样细致精彩，原作的写作是非常需要才华、需要个人的经验的。（播放《风声》电影片段，从23分4秒到29分20秒，讲述在裘庄被软禁时，吴志国和顾小梦第一次同志相认。）我看过原作，我觉得远比电影复杂精彩，而且那个结局其实是不太一样的。

麦　家　完全不一样，我不能接受这个结局。

王德威　作家跟电影公司的竞争永远如此。

麦　家　但不一样，这次我看了好莱坞写的《解密》剧本，把所有的精华都用进去了。其实我是个专职编剧，我原来在电视台的职业就是编剧。同时我也在想《解密》如果改编成电影，哪个地方有缺失，这次好莱坞的剧本把缺失的这一块正好补上了。我们不得不承认好莱坞做电影的实力。

王德威 编剧是洋人，还是一个华裔？

麦　家 是加拿大的编剧，叫克里斯托弗·麦克布莱德，但他在好莱坞工作。我就说，《风声》这个小说其实是一个非常简单的密室逃生游戏，现在很流行。这也是有一路小说都在写的，比方说《东方快车谋杀案》《尼罗河上的惨案》《无人生还》等等，都是把环境封闭起来，赋予人物一个任务去完成。这是这类小说的一个套路，这个套路不是我发明的。我曾经反复读过《圣经》，其实所有的福音书都是不同的人在讲述耶稣的故事。在《风声》写到12万字的时候，它只是一个传统的结构，就是只有"东风"这部分这样一个结构。但是有一天我突然从《圣经》里面得到启发，那时国共关系趋于缓和。这样我就想，好啊，我干脆来一个"东风""西风""静风"，"东风"是共产党讲这个故事，"西风"是国民党讲这个故事，"静风"是我来对这个故事进行查漏补缺。

我觉得，《风声》这个小说里面藏着一种巨大的悲哀，有巨大的孤独，也有一种巨大的坚韧。你想一想，一个人，一上来就把你丢到裘庄，其实是个监狱，表面上大家都活得很开心，其实有些人已经变成狗，变成畜生，狗咬狗，要把"老鬼"咬出来。我觉得这里面本身存在一种荒诞，把人先逼到一种非人的境地。然后小说主人公李宁玉还要完成一个艰巨的任务，在巨大的荒诞、孤独面前，还要表现出一种英勇，一种巨大的勇气，以至于要以命相搏，把情报传递出去。最后，她终于把情报传出去了。但是翻开下一页，顾小梦马上跳出来说这个情报根本不是她（李宁玉）传出去的，而是自己（顾小梦）。我觉得这就是一种大悲哀、大绝望，你以命相搏，结果被人指责是在沽名钓誉。电影没有把这种悲剧性的东西表达出来。当然，电影要把小说的三段故事都表达出来，是有些勉为其难，毕竟电影的容量有限。我觉得一个三万字的中篇小说是最适合改编电影的，改编长篇小说挺考验编剧的，取舍很难，很复杂。

那么我为什么不满意《风声》这个电影呢？我觉得我要说得客观一点，就是说，你拍得再好，我都不会满意的。这个就像我养了一个孩子，养到七八岁的时候，被人领走了，然后他养得再好我都不会满意。这是没办法的事。但从技术层面上来说，电影也是有瑕疵的。陈国富（电影《风声》的导演）是台湾一个很优秀的导演，给电影带来了巨大票房。我也曾经跟他探讨过，我说你的故事没讲好，他说为什么，我说作为一个密室逃生游戏，它是有规定、有纪律的，所有人物不能随便死，你不能马上让他们死掉一个，死掉一个人难度就小了。他（陈国富）一上来就让两个人死掉，这是不允许的。

为什么他要让这两个人物死，就是因为人多，把握不住。然后，剩下的三个人，一个是国民党，两个是共产党，那么这个情报也太好传递了，我小说里面的那种大孤独、大坚韧的东西在电影里完全没有了。然后更荒唐的是，电影居然让吴志国走出裘庄，怎么能出去呢？密室游戏是不能走出这个环境的，也不能增加人员。电影后来还增加一个护士，完全违反了密室游戏的纪律和规则，这是我不能接受的。

再说一个细节，吴志国通过唱戏来发电报，护士记录，这个细节很多电影观众看得津津有味，但在我眼里，这细节破绽百出。"情报有假，切勿行动"——这么一个内容固定的情报，其电报（莫尔斯电码）也是固定的。毫无疑问，没有哪首歌的曲调可以和这电报内容的莫尔斯电码完全符合。有人会说，那没事，我可以按照你的电报内容来唱，我来变着调唱，根据电报内容我来调整音符。但如果这样的话，护士必须是谭盾这样的音乐家，你稍微变一下调都能听出来。这是不现实的，就是破绽。我觉得这些技术层面的东西就是物质基础，物质基础你是不能破的，如果这个容器破了，什么东西都盛不下，水都漏光了。

王德威　我等一下请大家来一起参与发言，容我再多说几句话。我看《风声》这个电影，觉得电影很好看，但是我的诠释真的是不太一样。因为陈国富导演是一位台湾导演，也许他真的比较缺乏所谓革命实战的工作经验，但是他的诠释我觉得其特色在于，他把一个爱国的、牺牲的、情报密码战的故事，包装成一个华丽的而且颓废的甚至像是卡拉OK里的密室那种风格。他那个颓废的基调，我甚至猜想，其实是让观众觉得新奇的一个卖点。所以我想，刚才大家第一次看到李冰冰和黄晓明演的故事片段，我觉得有一种情欲的味道。我觉得这是在原作中看不到的。

我刚才说了，原作是一个非常忧郁、大孤独的爱国故事，您刚才也说它其实讲的是一个大悲哀，要付出那么多，为一个崇高理想而牺牲。但是在电影里，我觉得那不是陈国富诉求的主要目标，我觉得这两位女性的表演是他的重点。还有那个阴森的、有情色幻想的场面，是他的诉求。我觉得这一部分他是做到了。因为中国的类型电影，还没有到好莱坞的黑色电影那样的程度，但陈国富在他导演的电影中有女性肉体的展示，还有女性之间的一些情感。我觉得陈国富的诠释和原作的精神是不一样的。当然，作为电影导演，他有他的权力，这是我的一个想法。

我不知道在座的有没有对于麦家先生的作品，或者他作品改编的电影，或者任何关于当代的创作环境，有想法或是有疑问的同学，愿意来分享一下你的个人经验或观点。

同学提问 大家在热烈讨论您的作品被推进到英语世界，跨文化传播，影响非常大，尤其是在国外的汉学界和其他文学领域，都引起了很大很好的反响。您可以再跟我们多谈一谈这方面的情况吗？我相信最近一定是很受欢迎的吧。

麦　　家 王教授请我来，就是最大的欢迎。

王德威 我刚才讲，麦家先生的小说，除了《风声》《暗算》之外，《解密》现在到了好莱坞，正在谈合作的可能性。

同学提问 我有个问题，我上次给您做翻译，可能是《解密》刚被翻译成英语，就是"企鹅经典"文库刚把它翻译成英语的时候，您记得吗？当时有一位记者，一直在问您电影版权费用的问题，在场的人都觉得很骇然。所以我的问题是：您作为一个艺术家，怎么样在这种经济的大风暴中，维护一个作家作为艺术家的人格尊严和主观空间?

麦　家　其实我们的尊严是要通过王教授来确认的。不用说,金钱不能维护我们的尊严,坦率说,我钱多得已经是这辈子也花不掉,我的每一部小说都被改编成了影视剧,而且在一再改。比方说,最近韩国拍《出租车司机》的制片团队在谈我的小说《风声》的翻拍。《风声》电视剧已经翻拍两轮,现在网剧又出来了。但我觉得这些都不是我想要的,我想要的是导演和制作团队能够看懂我的小说,能够把我小说的精髓表达出来。我相信我的小说是对人性有一些个性的思考的,这种思考被人接受远比挣到金钱更让我满足。我真的不在乎金钱,也许是站着说话不腰痛,但其实我在没钱的时候,在17次被退稿的时候,我也没有想到用金钱来捍卫自己的尊严。我一直有个虚荣心,现在仅剩的虚荣心,就是读者喜欢并能看懂我的小说,这个比什么都重要。

访问学者提问(来自中国香港)　老师您好,您一开始提到博尔赫斯跟您写作的关系,我在看您的一些资料的时候,也看到里面说您很喜爱博尔赫斯。您还提到您在1986年开始写作,那个时候先锋文学开始在国内很流行,那么这类文学的素养,跟您谈的谍报小说,二者之间有没有关系?这两个东西并在一起我觉得很有趣,想听听您有没有相关的想法?

麦　家　博尔赫斯是我喜欢提的一个话题,我觉得没有博尔赫斯,可能也没有我现在的一系列小说。博尔赫斯对我的意义很重大,因为我写的这些题材,不管《解密》还是《风声》,在中国的传统概念里，其实是纳入通俗文学题材的。那么作为我们这种有志于在所谓的纯文学、严肃文学里面"打江山"的人，我们是不屑于写这些的。

其实这段生活我早就有，为什么1986年我没去写，直到1991年才写，就是因为我不想当一个通俗小说家。但博尔赫斯给了我勇气，也是见识，我后来看博尔赫斯的《交叉小径的花园》，一个短篇，发现它就是一个间谍故事。我可以告诉你，我《风声》整个故事最初的构思就来自这篇小说。这篇小说讲的是个什么故事呢？我看到第十遍的时候，终于看懂了里面的故事，就是一个德国间谍跑到英国去，想寻找一个英国用于反攻的大炮基地。最后他终于找到了，但知道的同时已经被英国间谍盯上了。然后他开始逃，他知道大炮基地在哪里，他在想应该怎么样把这个情报传给德国的上司。他在宾馆翻电话号码本（黄页），发现有一个人名正好就是大炮基地的地名，然后他就去把这个人杀了，以此把情报传给上司。上电话号码本的人肯定是有身份的人，有人杀他必定会成为新闻上报纸，这间谍的上司看到自己的手下在杀人，肯定会想：他干吗要去杀这人？这一想是很容易接近答案的。杀人传情报，我真是受到了这个启发，然后写了《风声》。为什么我突然从博尔赫斯身上得到了勇气和力量呢？因为博尔赫斯是公认的"作家中的作家"，他很纯粹，一点杂质没有，纯得像水晶一样。可人家照样在写盗马贼，写侦探小说。所以我突然懂得，写什么无所谓，关键看你怎么写。

其实，我的小说被大量地改编成影视剧，下场是文学性被贬低了，因为某种程度上影视就意味着畅销、通俗，很多人根本没看过我的小说，就说麦家是写通俗故事的。这一点我很自信，你只要看过我的小说，我相信你不会认为我是个通俗小说家，王教授可以做证。

王德威 是的。我谈一下自己阅读的感想。我觉得，博尔赫斯还是有所谓"后现代主义"一面的，有那种幽微、曲折、复杂多义的面相。可是像《风声》或《暗算》这样的作品，我会更容易联想到格雷厄姆·格林，一个伟大的英国小说家。因为现代主义所讲的，就是您刚才讲到的人性那种悲哀的面相和对于某种事情的执着，这种执着在您的小说里面，当然是对情报本身、对讯息本身的执着。这里面有一种非常现代主义的执念。我觉得这一点和"后现代"的博尔赫斯在风格上还是不太一样，所以我等于是故意提出来的。我相信在严肃文学这一块，题材永远不是局限。

但是在风格上，我们能看出来您的作品有它自己比较独特的诉求。为什么我在一开始就说，我看这些作品的时候，觉得有一种很阴郁的东西，它是一个"人"的故事，讲怎么掌握和传递一个讯息的问题，但十次有九次是不可能的，因为有很大的风险。可在博尔赫斯的世界里，这个讯息都扩散了，所以它是一种相对后现代主义的作品。您的作品，当然最家喻户晓的是 21 世纪以来的这三部，《解密》《暗算》《风声》这三部，特别是其中执着的那一部分，我觉得是比较像格林这个系统的现代主义作品。

那么回过头去看，您会不会觉得有一些其他作品可以推荐读者去读的？就是说，我们现在所有的心力都在这几部谍战小说上，但从一个比较大的、广义的角度来看——您刚才说的那个农村题材等，有没有什么其他题材，您觉得在我们现在中文小说世界里还是可以尝试的？

麦　家　王教授，我觉得你确实是个大师。我不是恭维你，是深有领教。我想说一下，大概是2009年我看到一个报道，是新浪的一个记者，他在法兰克福书展上采访了你。当时我的《暗算》刚刚获得茅盾文学奖，被有些人质疑，说"这个通俗小说凭什么得奖"。当时那个记者问你看过《暗算》吗？你说看过。她问你喜欢吗？你表示喜欢。然后这个对话里面其实也谈到了，对我的写作，你担心这种题材难以为继。说实话，当时我看了你那个话，心里嘿嘿一笑，我一定要继续下去，有一天碰到你我会说，王教授你看错了我。

那是2009年，《解密》《暗算》《风声》都已经出版，后面我又写了《风语》《刀尖》，事实证明是失败的作品，我现在都羞于提起。那确实是进入了一种自我重复，不幸被你言中。真的，这就是大师，一览众山小，我觉悟不到的事你预先替我想到了。你当时这么说的时候——是记者写成文章的——我真的不以为然，因为我是从石头缝里蹦出来的。我和那些一夜成名的作家不一样，他们有些基本功根本没过关。我好像孙悟空，被压在石头下面11年的，压得我基本功已练得非常好，除非你不让我上舞台，只要让我登上舞台，我会不停表演下去，直到死。我根本不愁没东西写。

但是后来，我发现就是进入了你说的那个"难以为继"的状态，我无法超越自己，只能做自己的矮子，要么自我重复，要么一路下滑。有一天当我认识到这个的时候，我决定马上停下来，现在我已经7年没写东西了，因为我没找到新的突破口。

王德威 我们刚刚下午在谈余华的创作，从《兄弟》到《第七天》，谈余华的那种焦虑，我想任何大作家都遇到过类似的挑战。《第七天》他写了七年，结果读者的反应平平，学界的反应是失望。但我觉得余华还是余华，他的能量还在，就是看他能不能沉得住气。我不觉得题材的重复不重复是一个多么大的挑战，但我觉得作家的底气是要在的。作家都是特异功能人士，我觉得很难要求他们每一两年就出来一个杰作。

麦　家 我后来一直在想，您为什么会下那个结论。一个肯定是您见多识广，另外一个，我相信当时您肯定是看了我这三部小说后，感觉到我的感情在往下走，感情的浓度被稀释了。关键是感情，一个作家一旦对笔下世界的感情被稀释掉了是很可怕的。

王德威 就是因为写得太精彩了，您要写的《风声》《暗算》的语境，对那个时代、那种氛围的掌握，我觉得已经是非常好了，而且有它文学的深度。可是类似的题材，您就不是很确定能不能继续写得一样让读者叫好，因为您每次都要给读者一个惊讶，这是很难的。就像我们今天在讲阎连科的作品，他也碰到一个类似的困境，包括他自己，阎连科上个礼拜还在这里讲，他觉得他不能再写类似的感觉。

我觉得作家的那种煎熬可能是每一个人都有的，包括张爱玲在内，也有类似的挑战。但是一个作家能不能或者怎么去突破呢？有时我觉得，我们都是凡夫俗子，真的无从判断。

同学提问 刚刚其实老师您已经提到了这个问题，就是关于一个作家如何在同一个题材里把它玩出新花样的焦虑。那么您对于谍战剧市场，或者说它接下来的制作，有什么样的期待？或者您觉得它会不会像您之前说的，就是王老师之前在2009年的书展上说的，有点担心接下来会不会玩不出新花样？另外，您刚刚讲到了情感，我其实还蛮意外的，没想到您会回答情感。因为我觉得可能很多作家会把眼光放在技术上面，这个技术就好像您刚才说的那个物质基础。但后来我又想到，技术这个层面其实是不成立的。我们拿一个很典型的题材——侦探小说来讲，这么多年大家的技术在不断推陈出新。当然这个技术肯定是跟我们现在科技的发展或者说我们生活的发展有非常大的关系，所以我觉得，情感这个切入点其实真的是蛮准确的。那么我们还是回到刚刚那个问题：您对中国的谍战剧有什么看法？

麦　　家 我觉得中国谍战剧现在是一个宠儿，但宠儿也有宠儿的毛病。一个东西大家都盯着它的时候，偶尔可能还有一些好作品出来，但我相信90%都是烂的。因为它是一个所谓的商业驱动器，大家都到这里来捞金，什么人都有，都不是带着自己的特长、爱好来的。我觉得不管是电影、电视剧还是小说，一定要带着自己的热情进去，技术都是可以学的。比方说，这个故事怎么讲，我还没有掌握好技术，可以慢慢来，只要有感情，你就会不停地去磨它，也一定会越磨越完善。如果完全带着商业利益进来，很可能他今天投钱的目的，就是第二天要挣钱，这样的话很容易把作品做坏。所以我觉得整体来说，因为有大量的人和资金在做，会有好作品出来，但看起来好像大部分作品都不理想。

同学提问　老师，我再补一点提问。之前您说您不再写这个题材，是因为个人感情，感情它好像在慢慢地衰竭，或者说感觉好像在被过度地开采。可是，如果说我们把谍战剧市场看作一个共同体的话，那会不会有这样的可能，就是这个共同体的情感也在慢慢地衰竭，这个共同体的情感也在被过度地开采？那会不会有一种必将到来的衰败呢？

麦　家　会的，不管在哪里，一种类型开发到一定程度一定会向下走，然后又有一种新的类型崛起。但我觉得现在的谍战剧和谍战小说是两回事情，就像我刚才说的，这个宠儿不是谍战小说的市场发展来的，它有市场外的因素，是资本市场在兴风作浪，所以我觉得这里无须去研判它。因为很多人出于商业的目的，围着谍战剧去切这块蛋糕，不乏会有人切出一块好蛋糕来，但整体我觉得是不行的。

同学提问　您说您最近7年基本上不再写作是吧？

麦　家　　我每天都在写作，只是没有作品出来。

同学提问　那在最近这段时间，您最投以希望和热心的，还是写作这件事吗？

麦　家　　对，每天写500字，第二天很可能把500字删掉。因为，我刚才也简单地跟大家交流了，我这种经历的人肯定是内心变态的人，会做一些常人觉得不大可理解的事。我特别偏执，一根筋。真的，我觉得对其他领域中一个正常生活的人来说，这种东西肯定是不可爱的，但我觉得作为作家，这是可爱的。我太太可以做证，我每天都是固定的时间坐在电脑前，而且我坐的姿势都是一样的。我写作已经出现了一种病态，到什么程度？电脑上的一行字，有时候到最后不是会有标点符号嘛，我不能接受最后出现标点。如果出现标点的话，对不起，我要到前面去把哪句话调整一下，这个标点符号要么缩到前面去，要么挤到后面去，这是不是一种毛病？

王德威　　这是作家的一种洁癖、毛病，也是一种纪律，所以我觉得您如果真的做谍报工作，还是有希望的。我举一个相似的例子，就是我在台湾大学的老师，也是一个非常有名的作家，他过去花了40年时间一共写出了三本小说，都是薄薄的，但每一本都非常特殊，毁誉参半，但他确实是一个非常精彩的创作者。他每天规定自己不是写500字，而是写100字，我就觉得那个已经是偏执了，他把废稿纸裁成一条一条的，每天去思考，然后用铅笔乱画，先在各种稿纸上乱画，等画了一天之后，他觉得可以写出一百字左右长度的作品的时候，他把这些字，或者说只是一些符号、代号，写在这个裁好的长纸条上，然后每天一百字，累积在一起，要多少年才可以累积成一本长篇小说啊！我就问老师，您这样写，难道不修改吗？您每天这样写，您以为当天写下的是最精彩的，第二第三天不可能反悔吗？他说不会。

这是另外一种偏执，就是把每一天的累积在一起，最后累积到十万字、十几万字。那是极端的极端，他用一种宗教式的狂热方式来操作他的文字。但他的作品好或是不好，我很难判断，因为我觉得他早期的作品还是有相当多的评论家来评论的，后来的作品包括最新的就很难评判，我不晓得怎么来看待这个问题。所以说作家和纪律的问题其实是两个方面，一个是作家跟他的写作感情的问题；但另外一方面，作家对自己是相当无情的，这也是纪律本身的严肃性所决定的。这两个极端我都看到了。

麦　家　王老师说的这个事情，这位作家，我觉得他在做的已经不是一种写作，而是一种生命中的仪式，他是给自己做一个仪式。

王德威　我觉得那个就是偏执了，到了这个程度，你会觉得就是一个宗教式的修行。

麦　家　他其实不在乎写什么东西，这种仪式感对他很重要。

王德威　所以我觉得，创作这件事真的是一种很特别的心灵活动。

我们时间已经差不多了，再问一个短的问题，好不好？

同学提问 我一直觉得，谍战片在中国当代有很明确的时间限制和题材限制。这个限制的确是和我们自己的政治和历史关系非常大。但您刚才说对谍战片的写作像是情感耗尽了，那您有没有尝试过，把谍战的这种写作技巧带到别的题材，或者是把那个谍战的时间段再拉大，把它放在商战或者是当代的日常生活题材中？日常生活当中还有没有谍战？您说的这种大的孤独能不能带到别的题材当中，形成您的谍战的写作风格呢？

麦　家 我现在写的东西就是这种大的孤独。其实我已经彻底告别谍战了，这一点我在微博上早已公布。有一天，当我写完《刀尖》的时候，我对自己彻底地失望了，就是被 2009 年的王教授言中了。但我相信换一个角度，我一定可以再写出其他题材的小说。这一点我深信不疑，所以一直在写。昨天我还在跟季进说，我说我电脑里有三部作品，他说那你干吗不发表。我说，有时候不发才叫本事。王教授，一个作品如果拿出来没有绝对被人看好的把握，我是不愿意拿出来的。为什么？因为如果拿出来，很可能流于评论，被人恶评，我觉得这样没意义。等七老八十再拿出来，人家会说，这个人可以的，80 岁还能写，其实那是我四五十岁时候写的，我就存在那儿，不拿出来。我相信，也许写着写着，三部四部，也许第五部，我相信王教授一定会认一部的，有这一部时我才出手。然后把前面的那三部等我垂垂老时拿出来，在人们对你没有期待的时候大显手脚，岂不让人感觉你老而弥坚？

王德威 对，这也是谍战剧的一种曲折，很有趣。我们希望在不久的将来能看到麦家先生面目全新的表现，我相信一定会的。今天在座的很多都是您的影迷和书迷，这真的是一个很难得的机会，这么面对面、近距离地来向您请教。我看时间差不多了，今天就到此暂告一段落，如果还有其他问题，欢迎大家下课后再继续聊，好吗？最后我们用最热烈的掌声来谢谢麦家老师！

我生来不自信，也因为在生活面前，我们作为人太弱小了。我经常安慰自己：每个人都如此这般"力不从心"地活着，以此来鼓励自己别灰心丧气。

孤独成了我的花园

采访者
×

2014 年 8 月 21 日

尽管只是十年前的事，记忆却一片空白：何人，何时，代表谁，为何做了这个访谈，什么方式做的，电话还是电邮，还是兼而有之？记忆一问三不知，像个傻子。唯有电脑，仆人一样忠诚，给文本刻下一个生成时间：2014年8月21日。这说明不了什么，或，只说明此日我修订过它（最后一次。可能只修了一个标点）。除此，并不能解答上述任一疑问。我对自己记忆力的衰退深感意外并遗憾。我本以记性好著称，手机通讯录里空无一人，亲朋的手机号均在颅内。我曾卖弄般说过，不被我记住的手机号不是我记不住，是我不想记，这也是其主人和我非亲非故的"记号"。这话，今天我会这么说（不卖弄，诚实地），我一直在局限自己的交际圈，有画地为牢之意，不想结交无缘故之人；因为跟我有缘有故的人不多，我记的少，所以记得牢。按说跟我做这么深入之采访者，该跟我是有缘故的，但我将Ta忘得一干二净。是的，Ta，我真不知是男是女，只是看内文知，其乃宝岛台湾人。我们可能先做了电话交流，然后又进行了邮件切磋。我非健谈者，高质量的输出一定是几经推敲的。谢谢你！台湾 ×。

× 　除了《解密》的中文繁体版，2014年您还与英美法西等国的二十多家出版社签约。《解密》是您出道的第一部长篇小说，出版在2002年，为什么会在这一年被如此广泛地关注？

麦　家　月圆有时，人圆无时。这是命运的安排，我也找不到答案。事实上，中文小说能不能被翻译出去，决定权不在我们手上。华语文学在西方的影响有限，能被翻译，像中彩票。

有时花开太早也不一定是好事，被翻译了又没声响，不过是满足虚荣心的事。这也是大部分华语文学被翻译出去的终点。相比之下我是幸运的，虽然"出门"晚了，但受到实实在在的款待。《解密》在英、美和西语诸国上市以来，一直受到西方主流媒体的关注，销售情况也相当不错。大家知道，在美国，所有引进版图书一直不大有市场，而我的《解密》上市仅半年销量已过万，一度登上美国亚马逊文学图书销售榜前列。西语版开机就印了三万册，是一个创纪录的数字。这些"殊荣"，也许是我在被冷落了十多年后博得了上天同情，给了我一块实实在在的甜饼吃，而不仅仅是满足虚荣心的事。我喜欢上天这样的安排，先抑后扬。

×　　　王德威说您小说的艺术风格"混合了革命历史传奇和间谍小说，又有西方间谍小说和心理惊悚文学的影响"。您自己怎样定义您的小说？人们把您称为"中国谍战小说之父"，您怎么看待读者对您的小说归类化的评价？

麦　家　我只对自己的文本负责，不对别人的评论负责。读者和书评家的解读，有时甚至超过我写作时的构想，这是他们的权利，我不会，也无权剥夺。

我认为，作家的风格是慢慢形成的，他在探索中逐渐发现、形成自己最擅长的东西，那可能就是他的风格。我是个很严谨的人，爱钻牛角尖，面对文字时很冷静、有耐心。我一天写七八个小时，只写五六百字。我的语言很干净，细节稳固，情节有较强的逻辑性和智性。这是推敲出来的，熬出来的。

我觉得，我的小说也许像匕首，不宽广，不厚重，缺乏烟火气，但直指人心。《解密》是一部令人心碎的小说。

× 您的每部作品好像都获得了来自普通读者和专业评论家的双重好评。2003 年，《解密》获第六届国家图书奖；2008 年，《暗算》获第七届茅盾文学奖，《风声》获第十二届巴金文学院"诺迪康"杯文学奖。您怎么看待类型文学和纯文学的关系？您又是怎么平衡二者的？

麦家 类型文学和纯文学不是敌人，是亲人。类型文学里也有很多优秀的小说，如爱伦·坡、吉卜林、格雷厄姆·格林，都是类型文学的先驱；而纯文学也不见得部部都是精品，我们常说的许多所谓精品在当时都是通俗文学，包括《金瓶梅》，甚至《红楼梦》。

作为小说家，我一直在研究、寻求一种雅俗共赏的小说。开始写作时我也写了很多以农村、土地等为主题的所谓的纯文学作品，都不被人关注。穷则思变。写作者总是希望拥有更多的读者。后来我发现自己有一块相对独特的生活，就转到所谓的特情小说的写作，开始写《解密》，并获得成功。《解密》使用的是通俗小说的题材，但写法是纯文学的。在通俗和高雅之间，也许没有康庄大道，但有羊肠小道，有暗道，需要我们用心去开拓。

× 您说:"正是因为童年受了伤,一辈子都要疗伤,我才会走上写作这条路。写作是疗伤的方式之一。"您经历了怎样的不幸的童年?它对您后来的创作产生了怎样的影响?海明威说"当作家要有一个不幸的童年",您怎么看?写作是否治愈了您童年的创伤?

麦 家 我经常说童年是一个人的尾巴,想剪都剪不掉的。我的童年正值"文革"时期,我的家庭正好是"被革命"的对象:父亲是"反革命",外公是地主,祖父是基督徒。在那个特殊年代里,我们这种家庭的人是"牛鬼蛇神",是"黑五类",是要被坚决打倒的。父亲被人押着,在村里游行,被人批斗、辱骂,这就是我最初的记忆。

因为家庭地位低下,同龄人都看不起我,欺负我,就连老师也公开羞辱我。记得有一个下雪天,雪花从窗外飘进来,落在我身上,我起身去关窗门。老师问我是不是冷,我说是的,他说:"你头上戴着那么多顶黑帽子还冷?"这就是我的童年,没有尊严,屈辱得很。

我写作是从写日记开始的。因为家庭成分不好,被同学歧视,交不到朋友,我很孤独,写日记是我唯一与人交流的通道。日记本是我仅有的朋友。写了十几年日记后,看到有些小说很像我的日记,我就开始写小说了。

× 您说,写日记是您文字的启蒙,您并不想记录什么,只想虚拟一个倾诉的对象？

麦 家 是的。

当时我写日记完全是生理需要，就是要倾诉，要发泄心中的苦闷。但经过多年写日记，一方面遣散了我一个年轻男孩内心的孤独和苦恼，另一方面也训练了我的文字，培养了我对文字的感情。所以，后来我什么事都喜欢用文字去记录，没事也喜欢看书。我觉得文字成了我的亲人，因为有文字相伴，孤独成了我的花园。

× 您的中学语文老师说："麦家能写小说本身就是篇小说。"一个热爱文学的青年为什么语文成绩这么差，反倒是数理化异常优秀，还选择了理工科专业？

麦 家 其实，作家和学不学文科没有必然关系，我甚至觉得文科生反而不太容易成为作家。因为知道的规矩太多了，老师告诉你，书本也告诉你，小说应该怎么怎么写，不应该怎么怎么的。条条框框多了，反而缩手缩脚，放不开。小说不是科学，师承关系很重要，小说最好的老师是生活，是经历、阅历，是文学以外的东西——不是说，"功夫在诗外"嘛。对生活，我觉得最主要的是内心生活，内心经历，一个内心细腻、丰富、敏感，甚至病态的人，我认为是比较容易成为作家的。

× 我们知道在中国有不少作家都有职业军人的经历，像莫言、阎连科，您17年军旅生涯对创作有哪些影响？

麦　家　我的人生观、价值观比较传统，甚至在一般人看来是守旧迂腐的，我相信信念的力量，相信崇高，相信英雄。这跟我的军旅生涯有很大关系。我在军营里接触到一群特别的人，他们心怀理想、信念，他们进单位时会举起右手宣誓一分钟，这一分钟成了他们一生不会改变的东西，终生的誓言。然后你看现在社会上，现在的人肯承担什么？物欲这么汹涌，这么喧嚣，为了一点私欲，出卖朋友，夫妻反目，都是随时的事情。人都不愿为别人承担，更不要说对社会、对国家，甚至对自己都没有责任心，不敢去承担自己的命运，一切都随波逐流。这种现状让我更加怀念过去认识的那些特殊的军人，我写他们也是因为我怀念他们，想通过写他们去更加深入地了解他们，也让更多的人去认识他们。

×　　　1986年，您买到了您的第一本外国小说，塞林格的《麦田里的守望者》，这本书对您的启发在哪里？

麦　家　前面说过，我很小就开始写日记，写了好多年，十几年。有一天，我看到《麦田里的守望者》这本书，觉得跟我的日记很相似，就开始尝试写小说。所以，《麦田里的守望者》这本书对我很重要，正是它点燃、激发了我写小说的冲动。

开初的写作是没有目的的，不过是多年写日记养成的习惯的一种变异的延续，是为了整理情绪，打发时间。现在我很明白，我写作是因为想揭示某些真相。我曾经在军方的一个秘密部门待过，那段经历告诉我，这个世界被我们人为埋藏的真相远比我们发现的多。我们以为无所不知，其实知之甚少，知了的也可能是假象。这个认知让我感到恐惧，也让我找到了写作方向。我想，如果我的写作能够让人们多一点真知、少一点无知，上天也许会表扬我的。换句话说，我写作，是为了寻求这份表扬。

× 曾经的保密机构工作经历无疑为您的小说提供了非凡的素材，但曾经的这份职业是否也同样掣肘您的写作？《解密》前前后后写作了十年，是否与此有关？

麦　家　《解密》这本书的创作和我在那座特别军营里的经历有很大关系，但我写的又不是我的经历，也不是某个人的，里面的所有人物、故事都是虚构的。

为什么写这么长时间？首先是这个小说太难写，中国乃至世界的文学家族里还没有哪个人写过破译家，没有可以借鉴和参考的对象。因为题材很敏感，你不但要想怎么写好它，还要想到怎样不去碰红线，需要考虑的东西很多。

其次，我那时没有名气，探索出来的东西别人不一定认可。因为这是一个新东西，新的题材，新的人物，甚至是一块新的文学土壤，东西拿出去给别人看，别人吃不准。包括今天的中国文学界，有些评论家对我的小说依然存有异议，说它们是通俗小说。

话说回来，正因为这样，这部小说被十七次退稿，被动、主动地经历了很多次修改。这个过程很痛苦，但也极度磨炼了我，我的写作技巧和人的质地，在这种极度被打压和修正过程中有了很大提高。所以，我说《解密》是我人生的磨刀石，我因它而变得坚硬、锋利。不管别人怎么说，我坚定认为这是一部不凡的小说，只有我才能写出来。

× 2006年，您的小说《暗算》被改编成同名电视剧热播。2009年，《风声》改编成同名电影，由陈国富、高群书导演；2012年，《暗算》改编成电影《听风者》，由麦兆辉、庄文强导演。您本身也是专业的编剧。您怎样看待文学的电影改编？您的作品被广泛地接受是否也得益于这大众媒介的传播？您是否在创作小说之初已经为它的银幕化做好了铺垫？

麦 家 影视对于文学来说，既是一个很好的生财之道，也是一个非常好的宣传窗口。我今天有这么大的名声，影视确实是立了功劳的。比方说我的《暗算》卖了一百多万册，那也只是一百多万册，但看过《暗算》电视剧的人有多少？几亿吧。虽然他们不一定全部都是我的读者，但它确实提高了我的知名度，同时也给我提供了一种写作的自信。

但我在写小说时，从来不去想影视改编的问题。别去迎合谁，要迎合自己，把自己最独特的一面展示出来。我相信，真正削尖脑袋想迎合影视的人，最后反而不太能讨得他们欢心的，因为你很可能为了迎合他们，丢失了自己。

× 作家王安忆说："麦家向着目标一步一步走近——这是一条狭路，也是被他自己限制的，但正因为狭，于是直向纵深处，就像刀锋。"您会沿着这条路走下去吗？还是会另辟蹊径？

麦　家　不知道。

我不知道今后会写什么，我只知道我必须写。只有坚持写，才能写出什么。路是走出来的，不是想出来的。

✕　您在一次访谈中说，自己很想隐居但不能，处在一个悬在半空的状态。对您来说，一个作家的理想状态应该是怎样，是否真的要像塞林格那样隐居起来？

麦　家　像个农夫一样，日出而作，日暮而息，安安静静，没有人打扰。我平时生活是单调的，也很小心，上午手机都关掉，因为一个电话很可能让你烦心，就不想写了。写作其实挺娇气的，必须专心致志，进入沉思状态。隐居，是我的梦，但只是想想而已，做不到的。真做到了，恐怕也不想写作了。写作是很虚无的，又很辛苦，或许必须有一定的虚荣心、世俗心托着，才能坚持下来。

✕　您在《解密》序言里回答王德威教授关于斯诺登的问题时说斯诺登是《皇帝的新衣》中的孩子，他与您笔下的容金珍似乎都有着某种悲剧色彩，那您更倾向哪一种？是为了国家安全而自我牺牲，还是相反，冒着风险说出真相？

麦　家　我在那篇序言里也说到，容金珍和斯诺登是一个硬币的两面，背靠背，注定要在两个心向背的世界里扮演一半是英雄、一半是死敌的角色。斯诺登也好，容金珍也罢，他们都是被上天抛弃的人。可悲的是，不论是哪个国家都有相当一部分这样的人。以我个人的教养和道德观，我会选择做容金珍。不过,也是别无选择的选择。

× 据您说,一些专业的密码专家看了《解密》,说您根本就不懂密码。但也有人说,您的小说根本不是解码,解的是人生的秘密。您怎么看?

麦 家 当然,我在书里讲到的密码和真正的密码是有差别的。
间谍、谍战等等,都只是一个个幌子。我想描述的,只是一个人。我不仅仅是破译密码,还要破译一个人,世间最深奥的密码是人心。

× 小说中,主人公对密码的破解也许非常高明,而在对人生奥秘的破解方面却总是面临更大的困惑,这是为什么?

麦 家 就某种意义而言,一个人的智力范围越是局限,那么他在某一方面的智力就越容易接近无限。换言之,天才之所以成为天才,是因为他们在某一方面将自己无限地拉长,拉得细长细长,游丝一般,呈透明之状,经不起磕碰。所以,大凡天才都是娇气的,如世上所有珍宝一样。天才往往在世俗生活面前特别笨拙,很容易被世俗生活戕害。

× 您说:"有一种人是在预定和设计中往前走的,另有一种人是稀里糊涂的,我属于'另一种'。但是我想,即使是有预定和设计也难免峰回路转,人生最大的设计师肯定不是自己,而是'他人',是命运。"您是否在自己的小说中扮演了"他人"的角色,为人物设计出他们的命运?

麦　家　是的，小说家在写小说时扮演的是上帝角色，生杀大权在握，悲欢离合在手，人物的生死、喜乐都得听我的。因为童年的经历，我的底色是灰色的，对悲剧更钟情。所以很遗憾，我写的全是悲剧，把人物不是写死了，就是写疯了。不用说，我不是个让人开心的"他人"，我自己也不喜欢这个"他人"，不令人喜悦，有点哪壶不开提哪壶的傻劲。

×　　　您在《解密》中写道："我似乎在向传统和正常的小说挑战，但其实我只是在向容金珍和他的故事投降。"小说中的解密高手阴差阳错地成了疯子。您说："好像看容金珍疯了，我也变疯了。"您用写小说的方式来揭开"解密"的故事，似乎也是在挑战这种"高级智慧"。您是否也有力不从心的感觉？

麦　家　因为有无数次的"力不从心"，所以这本书写了十一年。生活中我也常常"力不从心"，因为我生来不自信，也因为在生活面前，我们作为人太弱小了。我经常安慰自己：每个人都如此这般"力不从心"地活着，以此来鼓励自己别灰心丧气。

×　　　您在《解密》末尾加入了"外一篇——容金珍笔记本"，却又故意说它在小说中无关紧要，甚至说它"就如同我们身体里的盲肠，有它们没它们关系不大"。您在解密的同时，似乎又在设置一个更大的谜团，这本笔记究竟隐藏了怎样的秘密？

麦　家　作为这本书的故事，笔记本确实是根盲肠，但要了解容金珍，它也许是个"法器"，空灵得无所不包，他的感情，他的幻想，他的爱情，他的快乐，他的痛苦，都可以在这个笔记本里找到一些线头。了解一个人的内心是很难的，这笔记本似乎无所不包，但其实又什么都看不真切。笔记本使用谜团似的手法，也许旨在此。

×　　容金珍在笔记中说："一只笼子在等待一只鸟。"他的一生就像是一只鸟一样反复地从一个笼子辗转到另一个笼子，他天才的智慧似乎最终成了围困他的枷锁。容金珍的悲剧究竟是什么造成的？

麦　家　职业，天才，身世，个性，偶然，命运……是它们合力把容金珍推向人生的峰顶和波谷。文学不是数学，可以精确地用一个公式来表明，文学就是说不清、道不白，什么都道白了，文学也就失去了它特有的魅力。我看小说，从不想去追究什么，只想让它唤醒某些记忆、些许感想。

×　　《解密》的叙事中不断地插入访谈、笔记，叙述者也随之不停地转换，同时在小说一开始讲述容家时又颇有些魔幻的笔法，为何为故事选择这样一种形式？

麦　家　是容金珍这个人物的特性决定我采用这种形式。
魔幻的家史是这个人物的底色。试想，如果没有这么魔幻的一个底色，假如我安排容金珍是从一个小市民家庭里出来的，你也许会对他后来惊人的数学天赋有质疑。秘密单位的人，我们其实也是不容易对他们有全面、确切、立体的了解的，他们像传说，像幽灵，总在人们是是非非、模棱两可的谈论和猜测中。所以，我使用大量访谈、日记、书信，采用更多的视角去看这个人，每个人只看到他一个侧面，不同的面之间有弥合，也有冲突。这对塑造像容金珍这样的人，我觉得是比较贴切的，我们到最后都只能看到他一个剪影：这也是他们在世人心目中的基本形象，缺乏真实形象。

我像所有作家一样，在想方设法逃避工作，让自己有更多的闲散和自由。

痛苦是条虫，
会钻到深处躲起来

采访者
姜广平

2007 年 11 月中下旬对话
2008 年 5 月上旬作补充

姜广平在文坛江湖上驰骋，和各路名家大师对话，名声大噪，剪影幢幢。但我们至今未曾谋面，不知是我神秘，还是他。"5·12"汶川大地震后，他在最早的时间给我打来电话，声调里充满对我生死的关心和爱，仿佛我们是同舟共济过的故交。其实，我们的交情仅止于这次不谋面的访谈。

姜广平 先问一个你可能经常会被记者追问的问题，你有过十七年从军的历史，这对你的小说写作起着什么样的作用？

麦　家 是0到1的作用。可以说，我如果没有军旅生活，肯定也就不会有《解密》《暗算》这样的小说了。我的小说虽然都是虚构的，与我的经历不是1对1的关系，却是从无到有的关系。

姜广平 《解密》的开头，有那么点先锋文学的色彩。你在写作过程中，有没有受到过先锋文学的影响呢？

麦　家 先锋文学是中国当代所有作家上过的课，就像以前的政治运动，无一漏网，想漏都不行的。有一句话一度很响亮：现代派像一条疯狗，追得我们满街乱跑。奔跑中，我们留下了速度，却使文学丢失了许多常规的品质，比如故事。

姜广平　　你是（20世纪）60年代生人，对那些个跟我们年龄差不多的先锋作家，你如何评价？

麦　家　　马原最领风骚，格非的味道最正，苏童最让我迷恋，余华最成功，莫言最让我受益。他们曾经都是我喜欢的作家，有的现在还是。

姜广平　　看完这本书，我觉得，《解密》其实也是一部密码。表面上，你让读者看到的是一部小说，一部揭秘某条秘密战线的小说，然而，又实在不能这样读。就像严实所讲的，一个平庸者，会将它看成是一个秘密战线，也就是701的秘史，但对于一个职业文学读者来说其实并不是，它仍然是在写人，写人的命运，写人的命运的无法把握与不可知。譬如写人的悲剧性、宿命性、局限性。这里面的东西可多了，就像容金珍身上所潜藏的东西非常丰富而黑暗一样。这是一部更庞大的密码，所有人都努力在为它解密，然而，这条路上却永远是黑暗的，无法破解。

麦　家　　用现在的话说，容金珍似乎是个患有自闭症的天才，他一方面超强，另一方面超弱。这是天才的一种，也是我钟情的那种天才。什么叫天才？西瓜藤上长出硕大无比的西瓜不是天才，西瓜藤上结出了个南瓜或者冬瓜才是天才：他很特别，荒唐地特别，荒唐的程度不可言喻——这也许就是你所谓的那种黑暗的感觉。我一向认为，天才更接近生活本质，我经常说，是天才创造了历史，一个比尔·盖茨改变了全世界人的生活方式，他是"个人"，不是人民群众。但天才是人民群众创造的，小天才是万里挑一的"那个"，大天才又是小天才中万里挑一的"那个"。一根西瓜藤上结出个南瓜的可能性几乎为零，但一亿根西瓜藤上结出个南瓜的可能被无限地放大了。为什么我们华人总是不乏天才诞生？因为华人的数量惊人。

姜广平　既然说到无法破解，那就带有更多的偶然性。似乎在偶然性面前，人永远是弱智的或者是无能的。就像容金珍，必然遭遇特务是一种常识，然而，命运却让他遭遇了一个小偷。这可能也是这本书想传达的一种命运的隐喻吧。

麦　家　都说我是博尔赫斯的徒子徒孙，那么我就装得像一点吧。博尔赫斯说过一句话：所谓偶然，只不过是我们对复杂的命运机器的无知罢了。

姜广平　《解密》无疑也想在文化上做一番努力的。譬如容黎黎的家族史、N大学的历史等，无不在展示一种文化的努力。不管这种文化其实是多么地子虚乌有。然而，这种虚构的文化，却又必须与我们的某种历史语境契合。

麦　家　这种"文化"是虚构的，但不是"子虚乌有"。在中国近代史上，闭关的国门被坚船利炮轰开后，像容黎黎这样学贯中西的学者多的是，只不过这些人在将近百年的战乱和纷争中少有完善的：他们开花，很少结果，这是近代中国的最大悲哀。

姜广平　　除了文化以外，还有意识形态。数学家格·伟纳科或者林·希伊斯，当然正是某种意识形态的符号，然而，小翟——容金珍的夫人，也是意识形态的动物。只是，我阅读这部小说，第一次在那个老洋人那里遭遇容金珍时，绝没有想到，那个靠悟性习得数学与英语的天才，最后也会成为意识形态的动物。

麦　家　　这可以说是我写这篇小说的最初动机和力量：一个天才，一个可能为世界创造奇迹的人，在意识形态力量的作用下，最后成为世俗和日常人间的牺牲品。天才毁于一个无名小偷，这是生活残忍的一面。世俗生活貌似平庸、琐碎、杂乱、无序、无力，却隐含着真正的残忍和杀性。

姜广平　　这部小说，实在是一篇殚精竭虑的作品，各个细节之间的榫接，可能就让你费了不少心。层层推进之外，又层出不穷地翻新。而且，在细节之中，蕴含着常人难以想象的推理空间。譬如，小偷假如是特务，小偷竟然不是特务的推理，你同时又在替读者破疑解闷。如果没有你借严实之口从旁细说，这一细节恐怕就是疏漏。

麦　家　　谢谢夸奖。

姜广平　　很难想象，你这样的作品用了你什么样的心力。有一个作家在与我对话时说，实在不愿再提及他创作某一部长篇小说的事，是因为，自己怕被再拖进当时那种情境之中。然而，在这里，我仍然想问一句，据你所说，《解密》耗了你十年的时间，你是如何遭遇这样的题材的？或者说，你为什么选择了这样的题材？绝不是空穴来风吧。

麦　家　你给了我逃避的理由。说真的，就像你说的那位作家一样，我真不想回顾那个写作过程。快乐是长翅膀的，有一天会飞走，痛苦是条虫，会钻到内部深处躲起来——看上去不存在，其实还在，最好别去翻动它。不过我想，我写这些人是我命运的一部分，我不敢说我的小说有多么地好，但可以说，这种小说只有我能写，你没有一点类似的经历，没有一些机缘巧合，没门！经历太深了也不行，麻痹了，同化了，见怪不怪了。我恰好在似有似无中。这不是可以设计的，是可遇不可求。

姜广平　关于《暗算》，我想问三个问题。第一，你是不是着意追求了那种纪实风格？包括后来的《风声》，也是"说得像个真的"那种风格。

麦　家　近年来中国小说越来越边缘化，我一直认为，除了"娱乐至死"在作怪外，我们作家要负相当的责任。中国当下的小说太平庸了，连最基本的真实感和可读性都没落了，小说被日益简化为欲望的外挂，缩小为一己之私之恋之癖，作家写什么和怎么写都成了他个人的权利和意志。我以为，你有权写作，但更有义务认真地写作，一年写几部长篇在我看来就是不认真，把小说写成日记或者玩笑也是不认真的，把小说家虚构的权利毫无节制地放大更是不认真了。小说，一种以分享别人人生经验为主要目的的阅读，一旦被作家苍白的欲望虚构所颠覆，它所昭示的必将是小说的末日。坦率说，我想改变这种状况，我的写作一直想恢复读者的信任。我的小说经常被人当真，对号入座，不是我掌握了什么绝密档案，而是我从不滥用虚构的权利。把假的写成真的，这是一个小说家最基本也是重要的禀赋，遗憾的是，多数中国小说往往是把真的写成了假的，所谓虚构，不过是一种语言的造假。

姜广平　第二，你如何看待电视剧版《暗算》？可能这不是你想要回答的问题。但是我想在这里问的是，一个小说家与一个编剧，其实是两套车，但你却又是一个职业编剧。你如何处理一个小说家与一个编剧之间的关系？

麦　家　编剧只是我的工作，我像所有作家一样在想方设法逃避工作，让自己有更多的闲散和自由。

姜广平　在阿炳、黄依依和钱之江的人物塑造上，读者可能首先接受的是影视中的形象，然后才是书中的形象。我注意到，在细节的处理上，可能影视更加注意美学效果，这可能跟表现手法不同相关。

麦　家　其实是小说更具有"美学效果"，只不过我们现在不大有耐心来欣赏小说的美而已。小说的美更具丰富性、复杂性、多样性，这也是小说的特质。但现在的人更喜欢身体交流，影视就是"身体交流"的捷径，用身体器官欣赏身体器官，一切都是一目了然的，简单，直接，不需要反刍。我昨天才同一个记者说，姜文的《太阳照常升起》如果早二十年出来一定会火爆，因为那时的人特别喜欢思考、反刍，所有的人都看哲学著作呢。现在我们没这耐心了，饭来张口，入口就吞下去，连嚼都不想嚼了。

姜广平　我们回避不了《风声》。虽然我一直坚持不谈一年内的新作，而这次是破例了。为你破例。我觉得一个评论家最好不要和作家做贴身运动，保持半步之遥可能是最好的状态，不然会被时潮所裹挟而失去最起码的判断。

麦　家　也可以不谈。《风声》刚出来，坦率说我自己也不知道怎么谈它。

姜广平　在阅读《风声》时，我总是有一种惊惧感，这个故事的框架和《暗算》中"捕风"部分太像了，而且也有你的另一部小说《密码》的影子。你不担心这是对自己的重复？虽然书中讲《风声》是有人看了《暗算》后跟"我"讲的一个真实故事，《暗算》是虚构的，虚构遇到了真实，就像梦想成真，不可思议。但我认为这还只是小说家玩的一种把戏，因为这样的写作对小说家而言不是什么问题，就像你的《解密》看上去也像是真的一样。

麦　家　首先，我要申明是（和）《暗算》电视剧（像），因为《暗算》小说的"捕风"部分中没有与《风声》相关的内容。《暗算》小说在先，电视剧在后，在改电视剧时由于《暗算》小说中的"捕风"部分已被另外一家公司买走，只好临时又加了一个故事。这就是后来发在《收获》的中篇小说《密码》的故事，也是《风声》中的"东风"部分。我们说的"有相似"指的是这个故事。其次，说到玩把戏，我认为，说穿了小说家就是在玩把戏。从这个意义上说，所有的魔术包括小说都是在重复。我承认，《风声》的上部（"东风"）有与《暗算》电视剧的第三部重复的嫌疑，有些细节，譬如验字迹、谁看了电文稿等，都是与《暗算》电视剧有着惊人的相似。甚至老鳖扮作收垃圾的老头，也跟《暗算》电视剧如出一辙。在人物关系上，也有一定相似，只不过背景有所不同。

对此，我要说两点。首先《风声》全书有三部，"东风"只是一部分；其次，你刚才说了我在玩把戏，我承认，而且你应该也看到了我在玩什么把戏。我说——开门见山就说：我通过潘教授找到了那个虚构故事的"原型"，那么你想，既然是原型，如果没有一点相似相同的东西，又谈何原型？进一步可以这么说，这不是因为我想象力完了，想不出新的细节和套路，而是我玩的"把戏"需要我这样，需要这些相似的东西——它们是证明此故事与彼故事"原型"关系的证据。

姜广平 我们可不可以认为《风声》只是在纪实与虚构上玩了一个花招，老潘也好，潘教授也好，都只是一种虚构的手段。因而撇开真假李逵不论，我们是不是可以说，《风声》比之《暗算》，其实并未走得更远。而从小说的艺术角度论，几个人讲述同一个故事，则在很多作品里都能找到这样的处理方法。譬如《罗生门》和《喧哗与骚动》。

麦　家　几个人讲述同一个故事，最早的版本是《圣经》，四部福音书就是四个人对同一事情（耶稣生平）的四种说法。如果说我步人后尘，我更愿意说我"步"的是《圣经》的后尘。其实小说也好，其他艺术也好，总是就那么几个套路。这样追究起来，谁都在步人后尘。小说经历几个世纪的发展后，所有的创新都早创过了，就像我们人，所有优点和缺点早摆在那儿了。

至于《风声》只是"在纪实与虚构上玩了一个花招"，这个说法我显然不能接受，前面我说了，这个"花招"只属于上部"东风"，我想你应该看得出，它在全书的地位是一个"靶子"，是"西风"和"静风"发力的对象。然后整体看，我相信《风声》的价值。也许我不该说，但话到嘴边了，我想说了也就说了，我希望通过《风声》能看到我对历史的怀疑。什么叫历史？它就像风声一样从远方传来，虚实不定，真假难辨。

姜广平　当然，"西风"与"静风"这两部有了起承转合的意味，也是在进一步拆解"东风"中那个故事中的顾小梦、肥原等人物。用你的话说，是在将这口"井"打得更深了。但饶是如此，我还是想问一句，你的这种写作，是不是受了像《达·芬奇密码》这类书的启发？

麦　家　非！非！非矣！在我看来，《达·芬奇密码》只是一般读物，我并不欣赏。

姜广平 你至今创作了三部长篇小说，据我所知，《解密》《暗算》《风声》不仅都是"特情"题材，还都曾经历从中短篇到长篇推倒重写的过程。最早创作的"特情小说"是《紫密黑密》，是个短篇，也是中篇小说《陈华南笔记本》的前身，而《陈华南笔记本》又是《解密》的前身。《风声》不管怎么说，都与《暗算》有着二而一的关系。以前，我认为这是一种互文文本，然而从某种意义上讲它们其实是一种重复。至少在创作方法上，就是一种重复。当然，当初我觉得作家不要重复自己，后来，来南京发展的一位作家黄孝阳与我交谈时则说，重复是一种美，古诗中有复沓之美，建筑上更是靠着重复之美支撑起了一座大厦。我认为，黄孝阳说得非常有道理，但仍然难以说服我，因为，小说就是小说，重复肯定是小说的大忌。但从很多中国作家的作品中可以看出，当代很多大作品，委实正是一步步成长着的，有的是从短篇长成的，有的是从中篇长成的。

麦 家 我觉得你说了对我的疑虑，同时也夸了我，我已经没什么好说的。类似的对我的夸似乎还有李敬泽，他曾写过一篇东西，里面有这样的话：

> 麦家显然是个偏执狂。这方面最有力的证据是，关于一个神秘的天才数学家的故事，他慢慢写了十多年。其间，祖国各项事业都在飞速发展，从没有酒吧到酒吧遍地，从没有小资到小资成堆，总之无数事物都从无到有，麦家也从没有太太到有了太太，从没有儿子到有了儿子，人事变迁，尘俗扰攘，但那个故事一直在，

麦家让它年复一年地成长，成为短篇，成为中篇，再成为长篇。

英特尔的前老板格罗夫有名言：只有偏执狂才能生存。我认为此话不对，事实是，只有变色龙才能生存。我们都是唐璜，我们有机动灵活的战略战术，我们要以最小的代价博取最大的胜利，我们丢弃、遗忘，我们是如此"年轻"，以致没有什么能把我们留在一个地方。

因此，麦家才显得偏执，这不仅指他把一个故事讲了十多年，更重要的是，他有一种坚定的世界观，他的目光贯注于一个角度上，从不游移。

姜广平 我得承认，李敬泽比我讲得更好。你在信中夸奖我非常懂小说，我非常愿意接受这一说法。但事实上，敬泽兄比我说得更透，特别是关于唐璜的说法与"年轻"得没有什么能把我们留在一个地方的说法，实在太好了，启人深思。可是，我同样也知道，对这样的话深思的也没有多少人了。因为，这世上没有几个偏执狂。好吧，一些规定动作又得开始上演了。第一问：你是如何走上文学写作之路的？

麦　家 我是从写日记走上写作道路的。我童年生长在十分压抑的家庭里，父亲是个"右派"，爷爷是基督徒，外公是地主，头上有三顶"帽子"，从小受人歧视，被人排斥，人天生有的交流的欲望都是通过写日记来满足的。我从十二三岁就开始写日记，我的心里一直有个虚拟的听众，他陪伴我度过了漫长的少年、青年时期，后来写小说只是写日记的变奏而已。

姜广平　　哪一些作家给了你终生的影响？

麦　家　　不同时期有不同的作家影响我，但我觉得真正一直持续在影响我写作的，还是我从小交上的那个"朋友"，那个虚拟的听众。我一直都在写一些"间接经验"，可能是因为我那个"朋友"从来没跟我生活在一起，他在神秘的远方，又在我最近的地方：内心。对一个作家来说，内心现实才是有用的现实。

姜广平　　对你而言，你自己觉得今后的写作主要是向哪一个方向上努力？还会是特情小说或所谓的"新智力小说"？当然，我一直反对将一个作家的特色题材化，说你的小说是一种特情小说或什么什么小说，是对一个作家的劳动的不尊重。但，不这样说，又似乎难以将你从众多作家中区分出来。这种悖论，可能是所有作家都无法回避的。

麦　家　　我对许多人说过，给我贴什么商标都是对我的肯定，也是否定，我觉得我写的就是小说，"特情"不过是题材而已，"智力"也不过是种方法，都是表面的，是"身体"层面的。就像一个人，身体长成什么样其实是无关紧要的，关键是身体内部装的是什么。

姜广平　　当然，我们也可以说这三部书都是英雄小说。这也是一种分类法。我搜集了一些资料，也确实有评论家或读者这样界定这三本书。英雄意识也一定是你想要表达的，不知是否可以这样理解？

麦　家　可以，那是你的权利。

姜广平　但是不是像评论家们所说的你一定要为庄严的人生做证，可能倒也未必。我一直认为，作家的写作是一种（具有）偶然性的行为。这种偶然性有两层意义：第一，对作家本人来说，写什么可能是一种必然，但什么时候写，可能就非常偶然；第二，对受众来说——评论家也是受众之一种——作家作品也只是一种偶然的文学元素，评论家利用它来编织了所谓的文学史或一种理论体系，作家其实未必有这样的意识。

麦　家　作家选择写什么和你找什么对象的情形是相似的，在没有找到"那一个"时，你并不知道"那一个"是谁，具体是什么样的。但当真正属于你另一半的"那一个"出现时，你是会有感应的。这是个悖论，也是生活的重要组成部分，我们一生中会经常遇到类似的困扰。运气好的人可能第一次就找到了"那一个"：天定的另一半。而大多数人没有这么幸运，他们"结合"带来的就是痛苦，其中聪明又勇敢的人就"离"了，更多的人在"将就"，在得过且过。我也许属于比较"勇敢"的人，选择了"离"，重新找时找到了"解密"系列：我明确又清晰地感觉到，这是我的"另一半"。然后它就像是我的"爱人"，如影相随，心心相印，对我的影响和改变并不亚于爱人。

姜广平　我们刚刚谈到作家作品是一种偶然的文学元素，但这种元素，在你这里还真的不一样，评论家雷达认为："麦家的创作给当下的文学格局增添了新的元素，提升了当下文学的想象力、重构力和创新力水准，丰富了当今文学认识世界、认识历史乃至认识人的手段。"不知你自己如何看待这样的评价？我们谈到过当代文坛很多"失真"的现象，也谈到过你的想象力其实在真实上更加着力。

麦　家　我们应该承认，我们的小说已经变得越来越平庸、弱智、缺乏教养。我们很在乎写作速度，却不在乎笔下人物的长相、口音、身份，更不要说人事变迁的逻辑道德和心理坐标了。

姜广平　也是雷达先生，曾经谈过这样的话题："麦家究竟把自己塑造成一个什么样的作家，他的类型化写作最终走向哪里，也是一个值得探讨的问题。路有两条：一条是继续（剑走偏锋，仍走）《暗算》《风声》的路子，不断循环，时有翻新，基本是类型化的路子，成为一个影视编剧高手和畅销书作家，可以向着柯南·道尔、希区·柯克、丹·布朗们看齐；另一条是纯文学的大家之路，我从《两个富阳姑娘》等作品中看到了麦家后一方面尚未大面积开发的才能和积累。两条路子无分高下，应该说，能彻底打通哪一条都是巨大的成功。"对此，你有什么样的看法？

麦　家　雷达老师说得很对，我面临着选择和考验。

姜广平　在你的同龄作家中，你可能算是一个迟到者。你如何看待这样的状态？同龄作家之中，你更服膺于哪一个作家？

麦　家　还有比我"迟到"的。写作是慢跑，长跑，年少得志不见得是好事，多在无名的状态里磨一磨没有坏处，只有好处。我现在很怀念当初那种默默无闻的写作状态，写就是一切，别无他念。后一个问题有点八卦了，文无第一，每一个作家身上都有见长的招数，博采众长吧。但我一直有个迷信，真正可能写出大作品的人现在我们都还不知道，他（她）像只美洲豹，一直在草长莺飞的"暗地里"磨牙呢。

我写那么多小说，觉得《暗算》是最不可能拍成电视连续剧的，但就是拍了，而且火了。

从指缝逃走的鱼，你会把它想象得特别大

采访者
季亚娅

2008 年 8 月 9 日对话，2008 年 8 月 29 日定稿

这是我迄今为止做的最充分的一次谈话。这要感谢《芙蓉》杂志社的编辑季亚娅（现为《十月》杂志主编），她顶着酷暑和北京奥运会的诱惑，专程从长沙赶到成都。不止于此，更令我感动的是，她居然把我二十年间发的每一篇小说都找到，并且看了：有些东西我自己都找不到了。正因此，我对这次谈话表现出了异于寻常的热情和活泼，我在这位北大学子的陪同和鼓励下，几乎把我的写作之路重走了一遍。如实讲，谈不上是一次愉快的旅程，却是有意义的：我回顾了自己，也看见自己在他人眼中的形象。由于季亚娅对这次谈话做了精心准备，我们的对话更像一场战斗，有清晰的思路和目的。回去季亚娅洋洋洒洒作了一篇长文：《麦家之"密"——自不可言说处聆听》，刊于《芙蓉》2008年第五期。文章分四个部分：1."解密"麦家之写什么：小人物和英雄梦；2."暗算"麦家之怎么写：重写、难度和技术；3.黑夜的书、雨天的书：为逻辑、抽象和思辨正名；4.并非总结：资源、陷阱、启示。看小标题，足见是把我的"前世来生"都照顾到了。

季亚娅　对于"写什么"，我关心两个层面的问题：一个是复调的麦家和有着鲜明特色被贴上"特情"标签的麦家如何统一，另一个是题材选择之后牵涉到的文学现状问题。我将沿着这两个方向来提问。自《解密》之后，你因"密码"或"特情"

而知名，你的小说被称为"新智力小说""特情小说""密室小说"。对一个写作者来说，因鲜明的风格和特色被人记住是幸运，但也有着潜在的危险——那就是，可能会忽略掉一个更为丰富的麦家，一个复调的麦家。因此我首先试图追溯你的文学之旅。你的作品可以拆解为三个板块。第一是创作之初的《私人笔记本》《寻找先生》等。它们类似"成长小说"，描写少年的迷惘、梦想、寻找，面对成人世界的隔绝与刺痛。这些小说我把它们理解成一个寓言，一个进入你心灵世界的入口。第二类可称之为"小人物"系列，其中很多篇以军旅为背景，比如"阿今"系列，写一名叫阿今的年轻军官面对军营的疏离与恐惧感，诸如《四面楚歌》《谁来阻挡》《出了毛病》《第二种失败》等。另外一些也是以军营为背景，如《农民兵马三》《两位富阳姑娘》《五月的鲜花开满原野》《王军或者王强或者王贵强从军记》，虽然主人公不叫阿今，但他们和前者有着一以贯之的精神气质，即普通人的卑微、梦想、挣扎和困境。军队以外背景的则有《一生世》《飞机》等。我个人觉得这是你的小说中最有生活质感的一批。最后一类则是我们熟知的以"密码"或"特情"为切口的小说。你是否同意这种划分？

麦　家　我很感动，你几乎把我的所有作品都读了。我突然觉得这次谈话是我期待的。这很重要的，因为我总的说不是善于谈的人。善谈不是我的常态，但我也有善谈的机锋，只是需要等待和挖掘。它在我的表面之下，寻常之外，有暗道，要引导。我觉得现在好像已经站在了暗道口子上了，把我引过来的是你刚才对我作品的梳理，反映出你对这次谈话的重视和你对我作品的热情。我倒不是个肤浅的人，一见你夸我的作品就轻飘飘的。我的东西到底有几两重，有几根骨头，我心里基本上是明白的。感动我的是你为这次谈话做的精心准备，老实说，我不认为这是一次重要的谈话，我跟陌生人的文学谈话经常是徒有虚名，走走过场而已。一方面是我的局限，不善于与陌生人交流；另一方面，现在能认真谈文学的人太少了。但你刚才一席话让我感到"熟悉"，有亲近感，好像认识已久。不用说，是文学接通并拉拢了我们。还有一点，就是：你认真的态度出乎我的想象和期待，包括你对我作品的划分，也体现出一种细致、认真。其实，我对自己作品的划分比你要简单，就是两部分。一部分就是《解密》《暗算》这个系列，所谓的"特情"部分。这部分也是被大家比较熟悉的部分。另一个部分就是刚才你说的"小人物"系列，你把它们又进一步区分，分成军旅和非军旅题材。这是一种更细的区分，我觉得不无道理，我接受，并赞赏。

季亚娅 那么先来谈谈这个系列吧。这个系列的小说不像你第一个系列的作品，它们品质相对都比较统一、整齐。我认为这批小说质量不稳定，有好的，也有一般的，你自己比较满意的是哪些？

麦　家 这对我来说是一批沉默的东西，不谈它们可能更明智。一定要谈，我觉得像《飞机》《一生世》《两位富阳姑娘》《四面楚歌》，是比较成熟的。

季亚娅　　我也有同感。我纳闷的是,这两个"系列"完全风马牛不相及,甚至是对立的:一个在天上,关乎的尽是一些天才的人性、故事;一个在地下,说的都是一些平民琐事。它们怎么会出自你一人之手?

麦　家　　写作就是谈情说爱,你可能只爱一种人,也可能爱两种完全不同的人,我大概就是后一种人吧。当然这有点嬉戏,不是正面回答问题。其实你说它们对立,我是不大认同的,我认为它们本质上,暗地里,是统一的,都是在诉述一个主题:琐碎的日常生活(体制)对人的摧残,哪怕是天才也难逃这个巨大的、隐蔽的陷阱。说到底,我笔下的那些天才、英雄最终都毁灭于"日常"。日常就像时间一样遮天蔽日,天衣无缝,无坚不摧,无所不包,包括人世间最深渊的罪恶和最永恒的杀伤力,正如水滴石穿,其实最是一种残忍。

季亚娅　　有人说,日常治你,是无为而治,天网恢恢,疏而不漏。

麦　家　　是这样的。所以,你无路可逃,哪怕你是独占鳌头的天才、英雄,是孙悟空,一个筋斗能翻十万八千里,也逃不出如来的佛掌。

季亚娅　　那么可不可以把你这类作品纳入现在时兴的底层写作的范畴中去?

麦　家　　有这种说法,但我不喜欢"底层写作"这个词,因为这个词现在有一些意识形态的诉求在里面。我的写作是反意识形态的,我只是带着一种同情的目光,让这些人成为我的小说关注的对象。所谓"底层写作",到现在为止更多的还是一种观念倡导,而真正独立的文学创作是反观念、反教化的,它重视活生生的人和事,不是主义,不是潮流。请问,我们整天都在喊底层文学,迄今为止它有什么代表作品?没有,这就是问题。

季亚娅 我注意到,《四面楚歌》是你这批作品中创作时间最早的,写于1988年,但2004年您有一次重写,为什么要重写?这是我对它第一个关心的问题。此外,1988年正是新写实小说流行的年代,这篇小说处理的亦是与《单位》类似的题材,描写初到机关的年轻人的疏离和陌生感,我想知道,你当时是否受到新写实小说的影响?在我看来,这是一篇颇有深度的作品,它非常出彩的地方是抓住了一个"怕"的主题,即在一种文化传统内的人与人关系的相互制约以及这种文化对人的规训,即你在文中提到的"谁要是当真不怕什么,别人就一定会想尽法子改造他,转化他,叫他害怕"。这是对现代人的现实处境相当独特的发现,也是一个非常现代的命题。能否就此谈谈?

麦 家 那是我第一个中篇小说,在此之前,我只发表了一个短篇。这是我第二篇小说,发表在当时的《昆仑》杂志上,有一些影响,后来还得了一个奖,也就是它把我送进了解放军艺术学院。也可以说,是这篇小说把我牢固钉在了文学上。当时写那个作品时我还在部队,写的就是部队机关的生活形态。转眼二十年过去了,我却发现它的内容不仅没有落伍,反而和现在的生活更贴近，甚至可以说越来越贴近。这就勾起了我重写这个作品的热情，后来小说被转载时我应约写了个创作谈，叫作《老歌翻唱》。为什么要老歌翻唱？就是因为我发现二十年前我想说的话到今天来说更合适。你刚才说到"怕"的主题，由于现在人诚信的缺失，这种人与人之间的互相害怕，比二十年前更明显、更切实。我记得在创作谈里最后一句话是这样说的："有人反驳我，说现在是个民主社会，谁都不怕谁了。对此，我只能说我欣赏你的胆量和肤浅。"确实，我们现在的政治环境比以前是宽松多了，谁都可以骂谁，骂政府，骂官员，但是具体到个别，到生活的具体环境中，人与人之间互相不信任、互相为敌的现象是越发普遍了。如果你留心一下，你会发现这样的细节：二十年前坐飞机或火车，你帮人家提个包，人家会感谢你，现在你要帮人提包，只会吃个白眼。有一次我出门散步，看到一个人殴打一个农民，鼻血都打出来了。我走过去问怎么回事，打人的振振有词地说，农民刚刚在他店里吃了一碗面，没付钱就跑了。这碗面是三块钱。我说你不要打，我给你。但我一摸发现身上没带钱。我就和他说，你相信我，我会给你五块钱，你让他走，我晚上来给你。他不信，扭着我不放，幸亏我带了手机，打电话让朋友过来付给他了事。

季亚娅　人与人之间为什么会出现这种不信任的状态？

麦　家　这种不信任说白了就是人性恶的一面被打开了。从前，我们个人是没有权利、没有声音的，我们的欲望也是没地位的。

那时候我们都很穷，不过是为生计而活，我们只剩下一个生的权利。但现在的人，欲望被打开后，满足欲望成了他的权利。但人的欲望是无法满足的，越满足欲望越大。欲望大了，膨胀了，加上现在社会竞争激烈，他难免要偷鸡摸狗，不走正道，不择手段，毫无顾忌。世风就是这么日积月累地败坏，一日不如一日，人与人之间互相倾轧，互相暗算，并且不以为耻，反以为荣。这个时候，他人就是地狱，陌生人就是敌人，因为彼此不信任啊，害怕啊。同时，面对自己的利益、欲望，现在的人深信这是他的权利，他活着就是来得到他想要的东西。比如前面说到的那个人，三块钱其实和他的生计一点关系都没有，可对他来说是一个符号，一个权利的符号，他觉得应该得到，失去是他的耻辱。他不知道，或者说不在乎，人和人之间除了这种得失关系之外，还有互相信任和体谅这样一种道义道德上的需求。

季亚娅　你觉得文学可以改变这种状况吗？

麦　家　文学没有这么高的功能，但是文学有一个基本的功能，是软化人心。可惜现在人不爱看文学作品，这是个问题，需要我们来解决。我个人认为，读者越来越不爱小说，责任该让我们作家来承担，是我们的小说太无趣、太生硬，也是太粗糙、太没有教养，连最基本层面的东西——真实性——都不能做到。举个例子，现在电视上有的故事，本来是非常能软化人心的素材，因为它很真实。可是你看拍成电视剧，怎么看都是假的，结果本来已经被素材本身深深感动的人，看了电视剧后悔了，反而破坏了他原来的感觉。这就很糟糕了。文艺作品本来是要把"假的"变成"真的"，你现在反而把真的变成了假的。关键这不是个别现象，而是通病。真实感的缺失是我们的小说失去读者的头号毛病。其次是趣味太寡淡，老是重大的主题、深刻的思想什么的。深刻，重大，思想，都没有错，但首先你记住，我们写的是小说，不是红头文件、教育材料。我不相信一个人读小说是带着我要在作品中得到人性滋养这种愿望去读的，更多的时候他就是为了猎奇，要满足好奇心，要消遣，要打发无聊。然后在消遣的过程中，他才进入另一个过程，被震撼，被温暖，被软化。我们不是常说，寓教于乐，所有艺术都有一定层面的游戏功能，人们亲近艺术可能正因它有这功能。所以，我经常对自己说，应该要有文学理想，但首先要尊重读者，读者不理你，什么都无从谈起。文学的功能也好，价值也罢，最后都是要通过读者来实现的，不是一个孤立的文本、一个直接的道理。

季亚娅 在这些作品中有一个反复出现的词——"乡下人"。"乡下人"对你而言意味着什么？是你小说一种外来者的观察视角？抑或是对最卑微最底层最弱势的心灵与人生的关注？或者你是用"乡下人"来对全体中国人的精神状态做一种隐喻？沈从文自称"乡下人"，他笔下的"乡下人"和你理解之中的"乡下人"有什么不同之处？

麦 家 一个人的身份是无法改变的，像我这样一个人，多年来在城市里生活，但作为乡下人的身份和视角，在某种意义上是一种出身，是无法改变和客观存在的。既然是存在的，在作品当中有时候就会不自觉地流露。但是我和城市的冲突其实并不是很大，真正应该有冲突的那些年我主要待在军营里面。军营是个独立的世界，既不是城市也不是乡下，但是军营里有两派：一派是来自土地的、乡间的，一派是来自大院的、城市的。大院的那一拨是军营的主导角色，来自土地的那一拨是配角，或者说是一个被压抑的层面。所以"阿今"系列里的主人公总是悲剧人物，是生活非常委琐、心想事不成的角色。我特别了解他们在军队中扮演的角色，我觉得这一群人来军队都带着一个巨大的目的，不是接受锻炼，而是寻找机会，寻找与那片土地割裂的机会。因为带着这样一个很现实的目的，他们在军营里相对来说就活得特别压抑，因为他们有很实际的需要，为了达到这个目的，他们不惜做出种种努力甚至各种牺牲。相反，大院里的人到部队里来就像回家，自有一种主人的自由和特权，体现出来就是一种优越感。这也更加比对、映衬出了"乡下人"的形象。其实，我用"乡下人"这词并无多少寓意，就是拣了个现成的词而已。

季亚娅 看来在作品中寻找什么意义和隐喻是一种"病"。你的"乡下人"与其说是一种文化隐喻，还不如说是对等级和次序的敏感，是对于弱小者处境的了解与同情。

麦 家 陀思妥耶夫斯基说过，爱思考也是一种病。不过，是不是误读没关系，误读也是一种读法。一部作品被误读的概率，我认为远大于被正确解读（的概率）。

季亚娅　这一批作品中我个人觉得最好的是《飞机》、《两个富阳姑娘》和《一生世》。你非常了解卑微生活状态下人们最细小琐屑的要求，但要求越小反而越迫切，又因为这种迫切被放大加重，最终导致悲剧性的毁灭结局。《一生世》山村里孤老头子惦记和牵挂着当年落难的女子，这种牵挂其实与期待利益回报无关，牵挂某人某事只是证明自己活着或者存在的理由，是黯淡人生中的一抹鲜亮，有了它，活着就有点盼头。一个只能以陌生人为牵挂的人，一定是孤单的人。《两个富阳姑娘》中，"军装"这种身份竟然要以生命以鲜花般的青春年华为代价来换取。以生命为代价的还有一张涉及保密内容的纸片，《飞机》讲述了一个保密科长包括房子、小孩上学、妻子工作的琐碎而又幸福的人生如何因一架遗失的纸飞机而毁灭，儿子则因为误用父亲的文件纸叠飞机的小错付出了生命的代价。你前面说软化人心，这些细节就能进入我们心灵的最细微敏感处。

这三篇小说都发表于2003年，可称为当年中篇小说中的精品——我强调2003这个年份是因为你的标志性作品《解密》发表于2002年，《解密》之后，"麦家"二字在大众心中已经定格在"密码"或"智力小说"这个范围。它们对于读者的意义还不仅是发现"解密"之外的另一个麦家，还提醒我们，作为一个优秀作家应该具有非同凡俗的感知和发现能力以及从最细微处进入人心的能力。这种能力，在当下尤其珍贵，因为我们有那么多面目类似、感受相同的千篇一律的小说。

麦　家　都是夸我呢，我还有什么好说的。

季亚娅　那现在我们来说第三个系列，与"密码"或"特情"相关的系列，包括出版市场获得重大成功的长篇小说《解密》《暗算》《风声》，还有它们的同源中短篇《紫密黑密》《陈华南笔记本》《密码》《让蒙面人说话》等。很多评论者认为你的这类创作填补了当代文学题材上的空白。请谈谈你最初题材选择的来源以及兴趣转移背后的契机。

麦　家　这可能是我命运的一部分。关注"密码"或"特情"，与我在部队的经历有关系，回想起这个经历确实像命运的安排。我高考时并不知道我报考的军校，是一所专业培养情报员的学校。当时很多人都报考浙江大学、杭州大学，在家门口读书多好，我恰恰相反，想离开家乡。因为我家里当时政治地位十分低下，父亲是"右派"，外公是地主，爷爷是个基督徒，头上压着三顶大黑帽子，抬不起头，就想走得远远的。如果能上军校，那就是更好的选择，一箭双雕，既可以告别家乡，又可以改变家里的政治地位。我就这样上了那所军校，毕业正常地去了军队一个情报部门工作。不久我发表了一篇小说，上级领导觉得我是个人才，把我调到机关去了。如果我不那么早走，让我在那儿待个十年八年，这群人对我来说已经很熟悉，我可能就不会写他们，因为了解了，满足了。但实际上我待了不到一年，见习还没结束就走了，这么短的时间我根本来不及了解这群人。作为一个保密单位，在见习未满前，我只能跟师傅进出一个办公室，隔壁办公室都不能去。所以，当我离开这群人时，他们对我来说依然是神秘陌生的，我不知道他们在干什么，前身是什么，后来又怎么回事。正因为不了解，所以我才老是在想他们，忘不了。这好比你去河里抓鱼，一条鱼被你抓住了，带回吃了，你可能很快会把它忘掉；可如果抓到了，又从你指缝间逃走了，这条鱼可能会老是在你记忆中，而且你会把它想象得特别大。我和这单位就是这么一种关系：它在我手中，但转眼不在了。所以，这条鱼，这个单位，这群人一直生活在我的想象中。一个东西老在你的念记中，有一天去写它就不足为怪。

我忘不了他们，还有个原因就是：我离开这个单位后的二十年，是我觉得整个社会不停地往下沉沦的二十年，原有的伦理道德不停地被驳斥、抛弃。而这群人，由于工作的特殊性，他们生活得特别封闭、单纯，他们的伦理道德体系没有蒙垢纳污，他们心怀崇高，为信念而活，格外地值得我珍惜。某种程度上说，随着世风日下，我越来越怀念那群人，我希望我就像他们那么简单地为了一个信念单纯而努力地活着。我写他们其实是在怀念他们，在用一种虚拟的方式跟他们交流。

季亚娅　　写作有时就是这样，是画饼充饥，是胡思乱想，是怀念，是寻找满足。我说明一下，之所以关心题材问题，是因为有的时候，不写什么甚至比写什么更重要。题材问题绝不仅仅是题材本身，还牵涉到作家对于生活和当下创作现状的价值判断以及有了这种判断之后的主动选择。比如，就你创作中的英雄主义倾向而言，从关注小人物生活转到描写解密工作的天才、特情小说中的英雄，是否意味着你对卑微人生处境的否定，以及试图在更高远的精神世界中寻找你的价值归宿与精神寄托？比如你的小说中经常写到的"英雄之殇"，所有的英雄都莫名其妙地死于一些微不足道的理由，一些生活的报复与打击，这是否体现了你对世俗生活的某种程度的抗拒和排斥？

麦　家　接着刚才的话题讲，从前（20世纪50—70年代）我们的写作始终缺乏个人化的内容，都是围绕宏大叙事，问国家在说什么，问这个时代在说什么，结果是塑造了一大批假大空高大全的英雄。进一步的结果是，作家和读者都厌倦这种作品，当有一天我们有权另行选择时，肯定要选择另外一条路走，现在我们这条路就是：写我自己。这种完全个人化的写作，二十年前是不允许的。这种写作对反抗宏大叙事来说有非常革命性的意义，但是这种革命性现在某种程度上被消解了。中国文学也好，中国影视也好，总有一窝蜂的毛病，反对宏大叙事时，大家全都这样做，这就错了。回头来看这将近二十年的作品，大家都在写个人，写黑暗，写绝望，写人生的阴暗面，写私欲的无限膨胀。换言之，我们从一个极端走到了另一个极端。以前的写法肯定有问题，那时我们全为国家来写作品，只有国家意志，没有个人的形象，但当我们把这些东西全部切掉，来到另一个极端，其实又错了。

季亚娅　　刚才你说上世纪 50—70 年代写英雄都假大空高大全不可信，我觉得这里有一个有意思的问题，即我们常说到的艺术与道德的问题，也即，怎样让英雄之美有说服力？我觉得你的作品是有说服力的，也是现在这些作品做得比从前好的一个地方。你让这些英雄保持了他的崇高，但他崇高的逻辑很真实，让大家很能接受。比如你的作品中的一些细节，很好地呈现了英雄异于常人又同于常人的复杂性。《密码》中描写的地下英雄李宁育，为洗脱自己的嫌疑与辱骂他是亡国奴的肥原对打，高声呼叫"我是一条狗，我是一条狗，让我去死吧……"，这反而给《密码》游戏般的叙事提供了一种情感上的真实，使我们可以进入这些英雄的心灵，相比传统类似题材中那种高大全的英雄，更有感染力和可信度。

麦　家　　是有这样一个问题。对于这一点，我首先把自己当成读者。我的生活非常单调，每天就是在家里，除了写作，我靠阅读填满我的生活。很多作家很傲慢地说，我不看活着的人的作品，我不看同代人的作品。我可以告诉你，我是看的。很多杂志都在给我寄，很多朋友也都在给我寄，寄来了我就翻，阅读后就会引起我思考。我发现这么多年来，或者说这二十多年来我读了那么多作品，没有哪部作品里的某个人物可以和我一块成长，他能温暖我，打动我。我们看到的多数是阴沟里的东西，丑的，臭的，恶的，黑的，没有站立起来的人生和人性。我前面说了，世风确实变坏了，我也觉得生活有很多阴暗面，表面上繁荣，实际上危机四伏，形势大好的局面下，人心大坏。我对这个时代从骨子里不适应，反感，它让我活得非常累。我甚至可以说，因为我非常敏感，我对人生的恶看得比别人不会少。但这并不意味着我必须写这种东西，恶狠狠地写。当我四方一看，大家基本上都在这样写时，我坚信我必须另辟蹊径，不能跟风了。这一方面是写作技术上的策略，不要人云亦云，要有个性；另一方面我相信文学的价值最终不是揭露，而是激励，是温暖人心。人都是孤独的、软弱的，需要偶像，需要精神伴侣。我的童年是几乎没书读的年代，就是那样我们还有精神伴侣，我们有欧阳海、黄继光等一大批正面的英雄陪伴我们成长。虽然有些偶像事后看不乏虚假，但这是另外一个问题。或者说，真和假是一个问题，有和无又是一个问题，我觉得现在的问题是"无"的问题，当你找作品来看，发现都是无病呻吟或者有病呻吟的一群人，都在唉声叹气，都在骂这个时代，骂这个社会，什么都骂，都在否定。我觉得这肯定有问题，你想寻求安慰和力量时找不到，哪怕是虚假的都没有。事实上，你要驱散黑暗，引入光明可能有更好的效果，一味地展示，黑暗会更黑暗。这就是我站在一个读者的角度想到的问题。

当我站在一个作者的角度的时候，我又有另外一番感受。尼采早就说过，我们每个人都有英雄主义的情结。人都想当英雄，人都想超越自己，人都崇拜英雄。当我这么思考的时候，发现英雄主义是连通作家和读者的一条比较短的暗道。某种意义上，我写英雄，很容易抵达你的内心，因为你心里有英雄情结。然后我想，现在大家都不写英雄，我来写吧。这些年我的成功其实比较得益于这一点，大家都抛弃英雄时我还在拥抱英雄。但我还是不断地告诫自己，你千万不能塑造一个二十年前、三十年前那样的英雄，你的笔下的英雄首先是真实的、动人的，不是机器人，而是有血肉的，有缺陷的，他们心怀理想，理想造就了他们，又损害了他们——这是体制决定的。我甚至觉得中国这五十年来没有真正的英雄，要么是假的英雄，要么是"在哭泣的真英雄"。所以我笔下的英雄都是悲剧性的，不完美，不成功，没有一个笑到最后的，曾经的掌声和鲜花最后都变成了眼泪。

季亚娅　这就是你的"英雄之殇"？

麦　家　中国文化从来是人怕出名猪怕壮，风吹墙头草，在中国文化的土壤里，英雄是最不好过的，英雄的下场总是不佳。加上我们这种体制，很多英雄是被制造出来的，他们本来是普通的人，当他们变成英雄的时候，他们当然不知道怎么活了。所以，我认为这些年我们身边缺少健康的英雄、完善的英雄，于是我在塑造他们时总把他们搞得惨兮兮的。这可能是我的问题，也可能不是。

季亚娅　很多评论者提到这类小说有国家话语的向度，你自己也曾经说过"这个领域的很多人对我充满感激和敬意"。我觉得你的作品中涉及国家话语主要是两个方面：一面是个人生活或者人性与国家制度的冲突，如黄依依的爱情与制度的冲突，容金珍的人生与职业选择的不自由；另一面则更多强调国家高于个人的合理性。你的表述与传统革命小说对国家主义的表述有什么差异和偏离？你怎样看待其中政治与文学的结盟？

麦　家　中国文学从来都是文史不分的，文学里的意识形态的分量非常重。这是我们的文学一直不成熟的重要原因。中国文学没有完全从意识形态中独立出来，中国文学至今没有独立的人格。就我个人而言，我不愿意自己的写作与意识形态有过多的联系，但是坦率地说，我的《解密》《暗算》等系列确实无法从意识形态中独立出来。因为我塑造了一群英雄，这群英雄的悲也好喜也好，都和国家利益紧紧相连。从某种意义上，我为了反映这些英雄的悲剧性，就把他放在中国政治的土壤里。

季亚娅　你的意思是国家主义在你的小说中是造成英雄悲剧性的原因？可是联系到当下文化环境，你的作品特别是改编后的电视剧中更多被评论界认为是对国家主义的肯定。其实政治并不仅仅指你的内容牵涉到国家主义，还指你的内容和这个时代主流意识形态的某种吻合关系，比如国家主义和英雄主义在这两年是流行的元素。

麦　家　是的，最近三年来，从影视上来看，英雄主义的东西很火。这是一种信号，说明读者已经厌倦了整天卿卿我我的作品，或是蝇营狗苟、一地鸡毛的作品，出现了审美疲劳。但国家主义的东西容易流于媚俗，这是文学大忌。所以，我在写这些东西时很小心的，不希望流出媚俗来。事实也是如此，我虽然用了国家主义这个平台，但并没有通过这个平台把英雄举得更高，甚至一定意义上来说我想用这个平台来折射出中国英雄的悲剧性。归根结底，我还是写人，写人因国家机器而改变的命运，这个人作为英雄在国家这个大舞台上被承认了，但作为个体最终却难逃悲剧命运。如果说有什么可以把前面说的《解密》《暗算》等系列和"阿今"系列这两类小说联系在一起，那就是制度毁灭人性。《飞机》《两位富阳姑娘》《解密》都是。《解密》刚发表的时候，人家怀疑我写的是×××。其实×××也好，容金珍也好，他们的命运轨迹实际是一样的，他们本来是非常有可能做一个为世界做出巨大贡献的科学家，但是由于国家安全的需要，他们的命运发生了改变。我坚信他们最终是个悲剧角色。说来说去，我还是带着一种惋惜心情在塑造他们。我认为，一方面国家成就了他们，但另一方面又毁了他们。正是在这一点上，我和原来的国家主义的作品区分开来，原来的国家主义作品更多强调国家对于个人无可置疑的合法性和正当性，但我的作品对这一点提出了质疑和反思。

季亚娅 这可以引出下一个问题：写故事还是写人物？你对小说的故事性非常重视，这也是你小说好看和吸引人的原因。可是，当现实生活本身比故事更离奇更丰富时，小说的出路在哪里？尽管你一直在强调小说的故事性，但你的小说中让人印象最深刻的还是阿炳、容金珍这些天才形象。这一类人物形象以及他们的心灵世界是当代文学史中从未有过的，这是你对文学史的独特贡献。请谈谈对二者的理解。

麦　家　二者是不能割裂的。当然现在一般认为人物更重要，但小说的人物是通过故事通过情节来体现的，也就是说，在小说中当你要塑造一个人物，你不能通过一个政治鉴定的判语把一个人物形象固定下来，它最终还是要通过故事、细节来体现。如果你脱离故事，这个人物很难塑造。

季亚娅　这个问题的背后其实牵涉到故事作为一种语汇在当代文学中的正当性，因为有很长时间当代文学看不起讲故事。这看起来是一个很基本的问题，可是我关心的是这个问题和它所提出的语境的关系。当一个作家说出"我很关心故事"，他这句话一定联系着某种具体的语境，是他的某种文学观念的意识形态化，一定基于他对现实的某种判断。那么，你为什么关注故事？

麦　家　这其实是我在认真考虑的话题，我是有话可说的。中国的古代小说，"三言二拍"，传奇小说，笔记小说，故事的核非常大。说到底中国的小说就源于传奇，故事性自然很强。但这个重故事的传统经历了两次巨大的挑战，一个是"五四"文学新时期，西方小说观念的引入；另一个对我们来说很切实，就是（20世纪）80年代现代派的兴起。现代派在当时起了一个什么作用？就是发现国外有很多小说不是以讲故事为目的的，故事在小说里的分量很小，比如说法国的"新小说"，英国的意识流。我前面说中国文学没有一个独立的人格就体现在这些方面——反对宏大叙事时大家都反了,非此即彼,一窝蜂。对故事这个问题也是如此,传统小说确实故事的含量比较大,但由于现代派的兴盛,发现国外小说在鄙视故事,我们跟着也鄙视起来了。这是80年代末文学界很大的一个潮流,大家瞧不起故事,认为你写故事就不文学,甚至以写故事为耻,形成了这么一种风气。现在回头去看那个时代,的确有很多的先锋派小说都不讲故事。但它们留下来了吗?包括法国"新小说",现在谁去读啊。小说,归根结底是不能抛开故事的。马尔克斯的自传标题就叫《活着为了讲述》。就像你刚才说的,小说必须塑造人物,可人物和故事是什么关系?故事就是人物的各个器官,人物要通过故事来完成,没有故事,这个人物就等于没有身体。小说中的人物形象其实是从故事里生长出来的。在小说中塑造人物,不是我仅仅对他进行描写,身高多少肤色如何吃什么东西等等,人物形象是通过事件来体现的、传达的。比方我今天和你初次见面,不同的人会有不同的表现,如果给我们一点时间,会发生一些事情,在这些事情里面,我的表现和反应其实是反映我性格的。比如我们在大街上遇到一个流氓,我的反应:第一,劝你算了,惹不起躲得起,这是一个故事;还有就是拔刀相助,这就完全是另一个故事。两个故事体现的是两个不同的人物。

总之,我们应当理直气壮地讲故事,应该充分相信故事在小说中的地位,某种意义上说你讲不好故事也就塑造不好人物。文学史上经典的小说都是有好故事的。当然文学肯定存在着不同的流派，你一成不变地讲故事，读者会审美疲劳，这时有人出来唱唱反调，可能会博得一定彩头。但是变来变去，万变不离其宗，还是要回到讲故事的老路上来。我发现，抛弃故事的小说，只能作为文学符号或者流派留下来，而不能成为文学经典留下来。今天我们要研究文学思潮时，肯定不会漏掉法国的"新小说"、英国的意识流等流派，但作为一个单纯的读者要去读小说时，他不会找那些小说来读的，他还是会倾向于选择托尔斯泰、陀思妥耶夫斯基等人的作品。这不是作家的名头在召唤他们，而是作家留下的故事和依托故事展现的一种丰富的人生、人性在召唤他们。

季亚娅 对同一内容的重写是你创作中一个引人注意的现象，甚至可以看成进入你的文学世界非常重要的入口。你谈到小说《解密》的创作时曾说，这是一部写了十年的小说，最早构思于1991年，你从解放军艺术学院毕业的前夕；到1994年，你从六万字的草稿中整理出了一个两万字的短篇，取名《紫密黑密》发表；1997年又从十一万字草稿中整出了一篇四万字的中篇《陈华南笔记本》发表，直至2002年在鲁迅文学院高级研修班期间才抛出《解密》。李敬泽曾就此著文说你是个偏执狂。重写可以谈的问题很多，比如文本的对比阅读，几个文本的不同侧重处理以及这种差异之后所涉及的你的文学观念的变化；又比如重写所涉及的个人的写作个性；再有重写在这个时代写作大环境中构成的隐喻意义；等等。能否就此谈谈？

麦　家　重写确实是我写作的一个特征，我几乎所有的重要作品都是重写出来的，《风声》之前有个中篇《密码》，《密码》之前还有一个电视剧《地下的天空》。《解密》更不要说了，它经历了从短篇到中篇再到长篇的过程。《暗算》是先写了三个独立的中篇，然后才针对性地补了两个穿针引线的故事，发展成长篇。我这么做，要简单地理解，可以一言蔽之：江郎才尽，找不到东西写了。其实不是这样。我重写也许是反映了我的一种性格。我从小生活在政治地位特别低的家庭里，养成了一种很自卑的性格。这种自卑体现在我生活的方方面面，与人打交道也好，写作也好，我总担心事情做不好。既然做不好，开始时我做小一点，先截一个片段写写看，写好了，我再来放大它。这是个笨办法，要有笨功夫，要有足够的耐心和韧劲。我自认为我是比较坚韧的。一个从小自卑的人往往有两种归宿：一种是彻底被压垮了；另外一种是他挺过来了，活出来了，活出来的人肯定特别坚韧。我应该属于后者，辛酸的少年给了我足够沉静和坚持的能力，好像一块铁被反复打造过，相对来说肯定会坚硬一些。只有我自己知道，用十年时间写《解密》，这是多么考验人的意志和耐心。感谢生活磨炼了我，让我经住了考验。

季亚娅　重写与当下文学现状的对应关系呢？是否可以说，这是一个"快的文学""速度的文学"的时代？我记得你在作家协会的一个会上的发言里，把这种重写称为"慢"的艺术。我这样理解，慢是文学中那些笨拙、诚实与坚韧的品质。一遍遍地重写本身就是一种姿态与隐喻，一种关于文学理想的寓言。请结合这些谈谈。

麦　家　我知道你说的是哪个发言，那里面确实有我一些慎重的思考，如果需要我可以给你全文发表，这里不多说了。你把我的重写现象提到这么正面的高度，让我不敢当。我痴迷重写除了刚才说的性格原因外，其实也有我主观上的追求。我经常说，写，是作家的一种本能，至于写什么有很大的偶然性，就像谈恋爱，而要找到你合适的"那一个"偶然性更大。作家选择写什么和你找什么对象有很大的相似性，在找到"那一个"之前，你并不知道"那一个"是谁，当真正属于你另一半的"那一个"出现时，你又会有感应的。这是个悖论，也是我们生活的重要组成部分，我们一生中会经常遇到类似的困境。运气好的人可能第一次就找到了"那一个"：天定的另一半。而大多数人没有这么幸运，他们的"结合"带来的就是痛苦，其中聪明又勇敢的人就"离"了，更多的人在"将就"，在得过且过。我愿意重写，某种意义上说是因为我找到了"那一半"，重写就意味着我忘不掉，丢不下。这也说明它是和我精神气质相接近的一个领域，我在这上面勤劳一点也许会有大收获。作家最终能留下来的也就是一两本书、一两个故事，你首先要去寻找，找到了后一定要花功夫写透它，不要随便转移"战场"。我经常说，一个人兴奋点不能太多，有局限才有无限。这么说，我重写确实也有有意为之的努力。

季亚娅 就是说，重写在某种意义上也像是一次寻找，对一个故事最佳表达方式的寻找？

麦　家 可以这么说。我一直在研究小说，我们不难发现，从（20世纪）90年代以来人们的文学趣味变得越来越平庸、粗陋，读者和作家都一样，爱上了速度和数量，冷落了文学应有的精美和缓慢笨拙的气质。你知道，《解密》的前身是中篇《陈华南笔记本》，顾名思义，写中篇时我采用的是笔记本的形式，有许多内心独白和情绪性的文字。为什么写《解密》时会采取访谈实录的方式？是因为今天的读者不大愿接受艺术的探索，对过于细腻的东西不爱去咀嚼。现在的读者是衣来伸手饭来张口，喜欢真实和速度，没有那么多心思去欣赏你的文本的细微精妙的地方，所以我采取访谈实录的形式，看上去真实嘛，读起来也快啊。

季亚娅 但有的作家会选择不做改变？有人会说不能迎合读者的口味，而应当坚持自己的美学准则？

麦　家 他们不但会这样坚持下去，而且还会有非常堂皇的说法：我的作品只写给我自己看，或者我的作品是写给百年后的读者看的。我觉得作家要真诚，这种话其实体现了不真诚。说得难听点，这是一种说出来鬼才相信的话。民间经常在说，小孩在出生的一百天之内是可以看见鬼的，但这话没法证实。第一，一百天之内他不会说话，他看得到也无法传达；第二，多年之后他会说话了，但是一百天之内他毫无记忆。面对这种话，你无法反驳，却让我更加鄙视，因为言者有些耍无赖。我认为，作家在写作的时候是个性化的动物，他需要孤独，需要思考，需要体力，需要个性，但他在写完后一定需要读者。一个作品写完了放在抽屉里，这个作品在某种意义上它还没完成。一个作品真正完成是指你写完了，读者看完了，好和坏有个读者的意见。这是读者和作者之间无法逾越的关系。你写作东西的目的是要给读者看，我们必须承认这个前提，既然如此，我们当然要考虑他们阅读的愿望、兴趣。对我来说，文学就是我的命，文学成了我的生活方式，我可能终身都嫁给它了。既然文学对我这么重要，我当然要去研究它。很多作家不去研究，他完全就是按照自己的思路，自己一种很低层面的本能在写作。我研究的目的不是迎合，而是引导。

季亚娅 迎合或是引导，在我的阅读经验里是个无解的难题。很多人会说，你要考虑读者的阅读习惯与感受能力；但是另外一些人会说，作者应该创立一种标准，引导读者的阅读品味，文学的审美性应该有它独立自主的一面。对此我很困惑。我觉得文学史上过一段时间总会有一个开创性的天才打破读者和作家之间的某种接受上的平衡，他往往通过破坏已有的阅读习惯设立一个前所未有的标准，让读者去适应和接受他的体系，成为新的经典模式。文学史上每一次重大的变革皆由此而来。

麦　家 我想，你所说的设立一种标准，肯定不是作者独创的，而是作者和读者共同创立的。我刚才也说了，我考虑读者，尊重他们，研究他们，并不是去单纯迎合他们。单纯迎合读者的作品不是我们今天谈话的内容，那些书我也不愿意看。我相信我的《解密》《风声》肯定不是一味满足读者猎奇、窥探心理的作品。一方面我知道读者的趣味大致在哪个方向，我会有意往那边靠拢一下；另一方面我决不放弃文学本身的品质、品位。开句玩笑，我打扮入时，穿三点式，不是为了卖（身），而是我知道时代变了。

季亚娅 不是中山装时代了？

麦　家 对。

季亚娅 那就结合《风声》来具体谈谈你的重写。我知道，《风声》的同源中篇是《密码》，《收获》上发的，我看过。对比两个文本，故事的核基本没大变，但叙述方式确实完全变了，对同一事件反复变奏，换视角讲述，有点类似于电影《罗生门》。我个人觉得，《风声》的文本因而呈现出更多的开放性和复杂性。为什么会想到采用这样的方式？这和文体有关系吗？像长篇小说你就会选择让文本复杂一些，呈现出某种比如巴赫金所说的复调叙事，中篇小说就确定一些，这种叙述的限度以及它的意识形态在哪里？

麦　家 坦率地说，《密码》我改写成长篇时最开始还有一稿，叫《密密码码》，已经写完了，十几万字。但这个小说我给了出版社后，有一种意见说我这个小说和《密码》太接近了，就是一个扩写，没有新意，只是更丰满扎实了。这句话对我来说是一个很大的打击。如果它单纯是一个扩写的作品肯定没什么意思，对作家来说这样也不是一个严肃的创作态度。当时我就说这书不出了，正好合同也没签。于是我把它丢下了，这一丢就是大半年。有一天看《圣经》时我突然发现，《圣经》的几个福音其实讲的都是同一个事：耶稣怎么来到人间，耶稣在人间做了什么事，只不过由不同的人讲述，出现了许多新的东西。这对我很有启发，我想《风声》讲述的那段抗战的历史以前一直是共产党在发言，同样一件事情，国民党会采取怎样的发言方式？当我这样想的时候，我觉得这篇小说可以重写了。这完全是一种崭新的扩写，结构是新的，人物是新的，甚至提供了新的主题。我认为，抗战那段历史实际情况远比现有的主流叙述要复杂得多，我把一个故事由国共双方和"我"三个视角来讲述，其实有象征意味在里面。为什么我取名叫《风声》？"风声"这个词就蕴含着一些不确定性，风声是指从远处传来的消息，这个消息是真是假我不知道。从某种意义上说，历史就像风声一样飘忽不定，真假难辨。至于谁的说法是真，你自己去判断吧。所谓历史就是一些不同的讲述，我们永远无法抵达它的真相。

季亚娅　你曾说过，"小说是技术活"，你一直在"追求难度"。在文学史上，有的时候"写什么"就可以成为革新性的东西（比如"五四"时期），有的时候则是"怎么写"推动小说革命（比如20世纪80年代的先锋小说），那么，你对小说技术性的追求与你对当下文学的判断有关系吗？或者说，你认为目前小说创作是不是更需要解决"怎么写"的问题？你所理解的小说的"技术性"包括哪些方面？

麦　家　我有一个观点，归根到底作家怎么写是次要的，写什么才是重要的。但是现在为什么我经常在强调"怎么写"，包括对自己也是这样要求，这是因为中国作家"怎么写"这一关始终没过。

80年代的先锋小说是改变中国文学趣味的一次探索，他们强调"怎么写"，至于"写什么"好像是无关紧要的。这很好，在当时很需要。但最后这种探索某种意义上像"五四"那时一样，不成功，不彻底，我们没有把"怎么写"的任务彻底完成，半途而废了。先锋文学的很多代表作家如余华后来很快转向写实了。就余华个人来说，他已经过了怎么写这一关，但作为整体的一个行动，或者一个倡议，或者一次小说革新的思潮，这个行为是不彻底的。这中间有许多原因，要说清楚可以单独写一篇文章，这里姑且不说了吧。我要说的是，因为整体上"怎么写"依然没有过关，所以我们经常看到大量破绽百出的作品充塞在我们眼前。很多小说缺乏基本的文学教养，缺乏基本的文学美感，语言粗糙，故事平庸，见识低下，让你读不下去。有些小说虽然写得哭天抹泪，虽然你可以感觉到他很真诚地想为底层发言，为民族发言，但问题是他发的言不可信，他的细节，他的情感，他的推进，缺乏逻辑性，没有力量，用的材料太烂，文本是破的、劣的。这就是"怎么写"的问题。文本起什么作用？它是个容器，你要写的内容是水，如果这个容器漏洞百出，最好的内容也会漏掉。我记得王安忆在一次发言中说，我们不少小说很荒唐的，两个人物谈事动不动就去酒吧、咖啡馆，民工也小资得不行。所以，她提出我们要解决小说的生计问题。生计问题就是基本问题，就是怎么写的问题。

又比如，我们经常遇到这样的情况：当你说某位作家的小说写得不真实时，他会振振有词地告诉你，这是真实发生的事情，他亲眼所见，亲身经历，云云。我相信你写的是生活中真实发生的事情，但为什么变成小说时反而让人觉得是假的？这是为什么？客观真实和艺术真实之间有条暗道，由客观真实到艺术真实需要技术。这个技术类似进一个暗道的机关，如果找不到这机关，对不起，你说的每句话都可能变成假的，真的也变成假的。我相信，一个精通小说技术的人，即使道听途说，他也会写出让你有真实感觉的东西。这种魅力，或者说能力，就是一种技术，是技艺，需要一定的训练和操作才能入门入道。

季亚娅 那具体到《解密》这部小说，你做得比较好的，你自己最看重的技术是什么？

麦　家 技术也不是绝对的、可以用公式表达的，某种意义上讲，可以说出来的技术往往是次要的，不是关键的技术。关键的技术可能就是一种感觉，一种隐秘的脉动，可以意会却无法言传。像《解密》这种小说，写的是一个搞破译密码的天才，我个人觉得有两种"技术"你必须放进去。

一个是，这个东西肯定不能写实，如果完全写实，就可能吃力不讨好。这种人物对读者来说是一种传说中的人物，每个国家都有这种秘密机关，我们知道他们的存在，但是当你和他们坐在一起、擦肩而过，甚至拥抱时，你也不知道他们的真实身份。所以他们某种意义上是生活在传说中，而不是一个具象意义上的存在。那我觉得这种人物就不能写实，要把这种人物从地面上往上托一点，他在读者眼中不能像照镜子一样清晰，而应该处在一种背影、剪影状态。这种人写实了，读者反而会觉得没意思，神秘感消失了，假了。所以，《解密》我在刻意写虚，基本上没有整段的对话，都是点到为止。另一个技巧是，塑造这种人物一定要把他往崇高方面靠，你要把他写成英雄，他在为国家呕心沥血。你不能在大是大非问题上让他委琐，一定要让他有种理想色彩，他生或死，他的成功与失败，不是一己的得和失，而是和国家、民族的利益联系在一起的。这个大前提是不能违背的，这个一违背，小说的精神力量就提不上去，读者就不会有切身之感。我肯定不是个主旋律作家，但面对这种人物，我只有这种选择，我不能把他写成黑社会。

季亚娅 不知是否有研究者注意到你的文体问题，在阅读中我的感觉是：抽象，冷峭，简洁，干净，概括。你好像更喜欢用严密的逻辑和高度概括的语言组织故事，而非通常小说那样用细节和情绪来说话。这种文体和谁的比较像？卡佛？海明威？这是否你自觉的追求？

麦　家 作家的风格是慢慢形成的，他在探索中逐渐发现、形成自己最擅长的东西，那可能就是他的风格。在写的过程中有很多不确定性，会误入歧途，也会误打误撞撞见南山。我觉得余华有句话说得很对：是什么让你成为作家的，不是思考，也不是阅读，就是写，不停地写。风格的形成也是这样，只有不停地写，在写的过程中体会、发现、成长、成熟。像我这样的人，显然不能写那种很滥情、很广阔的小说，我的语言能力也不是很丰沛，那种汪洋恣肆的小说我写不来。我比较理性，面对文字时很冷静，有耐心，斟字酌句，反复修改。我的语言很干净，细节相对比较稳固，情节有较强的逻辑性和智性。这是推敲出来的，我一天写七八个小时，就五百字。小说家像一个登山运动员，上山的路其实有无数条，但景色旖旎的捷径可能只有一条，你要找到这条路。我乐于找，不厌其烦，追求准确性和合理度，不喜欢混乱和激烈。这是我的性格，可能也是我文字的风格。

季亚娅 从取得的社会影响来看，你的写作是一种最热闹的写作；但从写作的专注程度和精神气质来看，它又是一种向内的最孤独的写作。在关于《风声》的一篇文章里，你提到这是一本在黑夜和雨天写成的书。我觉得，在某种意义上这是你大部分作品所独具的一种精神气质。这是一种孤独的冥想的作品，是人类智力的狂欢之舞，是智力和情感的张力之弦快要绷断的极致。在你的笔下有一个灵性的世界，关注抽象，关注精神，关注智性，关注命运。从"阿今"系列到《解密》系列再到《风声》，你的写作似乎一直在往上走，沿着一条从生活层面到智性层面和灵性层面的轨迹。正是在智性和灵性层面上，你可谓为当代中国文学带来了前所未有的全新体验，甚至超越了我们通常意义上所谓文学的边界——中国文学一贯重美，重日常生活，重感觉和意象，不太关心灵魂与命运这一类命题，也不太关心逻辑、抽象与思辨的乐趣。这种说法是否准确？

麦　家　都是溢美之词，不好定夺。但你说到的"逻辑""抽象"这些词，让我想起王安忆对我的一些评价，王安忆是我很推崇的作家，她对《风声》有个评价，印在书上了，是这么说的："在尽可能小的范围内，将条件尽可能简化，压缩成抽象的逻辑，但并不因此而损失事物的生动性，因为逻辑自有其形象感，就看你如何认识和呈现……"逻辑也是一种形象，这句话说得太好了。我们经常说小说中的形象是通过感性的细节来塑造的，逻辑这个东西很多时候并不被文学认可，文学更强调形象思维。但我的小说逻辑性很强，逻辑也可以是一种形象，逻辑自有生动之处，这是为逻辑在文学中的地位正名。很多时候我用推理来说明一个事情，用智力与思辨构建写作难度。这种思维方式可能是反文学的，也可能是在构建一种新的文学形态。

季亚娅　是啊，我经常会觉得读小说不过瘾，但对你的小说却非常喜欢，就是因为它本身的思辨特征带给我前所未有的阅读乐趣。因为小说如果还是按传统方式把注意力集中在表现无限丰富的感性世界方面，那我为什么不去看电影？电影的声色光影手段在构建所谓的形象方面具有文字无法达到的优势。所以，我觉得小说写到现在也许还是要往你的方向靠，在智性灵性这些方面，电影比不上文字。

麦　家　小说确实面临着四面楚歌的困境，需要突围。

季亚娅　同时，我也觉得你的小说具有很强的哲学思辨的意味，比如你之前谈到的制度对人的毁灭，实际上是对个人与世界关系的一种探讨。又比如你一直关心的命运与偶然性：无论是天才还是卑微的小人物，你笔下的主人公总是以一种突然的方式走向生命的终结，也是故事的终结。你似乎有一个"非正常死亡"的情结。关于前者，天才人物逃脱不了的意外死亡或者崩溃的命运，其起因都是如此突兀与微不足道——容金珍遗失的笔记本、黄依依遇到的一扇厕所的弹性门、阿炳的私生子，都成为他们生命之路上无法逃脱的陷阱。后者如《飞机》因文件的遗失给幸福的一家人带来的毁灭性境遇，《五月的鲜花开满原野》中想要告别声名狼藉的昨日却触电身亡的彭小冬，《农村兵马三》中马三一路磕磕碰碰却无法完成转志愿兵的愿望，命运像诅咒一样阻挡着人生之中最卑微的心愿、最简单的幸福。请谈谈你所理解的文学与偶然性、与宿命的关系。

麦　家　博尔赫斯说过一句话：所谓偶然，只不过是我们对复杂的命运机器的无知罢了。毫无疑问，文学对"偶然"情有独钟，所谓无巧不成书就是这意思。但什么是偶然？我认为日常就是偶然，整个世界都是偶然。对不对另当别论，关键是我有我的"哲学",这很重要。什么叫文学?有人说,哲学是父亲,美学是母亲,他们生下的女儿叫文学。作家必须要有自己独到的立场,至少是见识吧。我本质上是个悲观主义者,对日常生活有排斥感、恐惧感,这就是我不幸童年的后遗症。有人把《暗算》中几个人物的死亡都总结为性,我觉得这个总结非常有意思,切合了我对日常的恐惧。无疑,性是日常的重要内容,日常的最大符号就是食与性。日常一方面看是最平庸的,但另一方面又是最残忍的,它可以抹杀一切。是日常把我们全部消灭,把我们年轻时的激情梦想消灭得干干净净。我确实是无意识地写到这些,但后来一想,也许是潜意识在作怪吧。

季亚娅 说到性,我想起你有一篇非常奇诡的小说,叫《黑记》,就是以"性"切入的。我感觉你似乎在得意地笑:仅仅是密码吗?麦家奇异的想象力绽放在任何一个领域。你通过"我"奇特的艳遇所体现的是人类将去向何处的思考吗?你通过"黑记"——这种人类身上出现的反人类的物质,暗示的是你对现代文明吞噬自身的批判,抑或是人类科技文明面对上帝或者冥冥天命的无助无力?或者说,一般小说的参照是我们每天面对的当下、俗世和芸芸众生,你的参照系是宇宙、未来和无限?请谈谈这篇小说。

麦　家 你说我的小说很怪,其实除了"阿今"系列,我的小说写到的这些领域都没人涉及过。我的小说中国评论家不知道怎么去评论,他们首先考虑把我的小说放在文学史中,想看我沿袭哪一条路走下来，结果他们找不到来源，我的小说是野路子。

《黑记》这小说我很喜欢，很重视，它最能够体现我是生活在想象中的一个人，想象也是我写作的重要资源。前面说过，我的生活确实非常简单，而人要在单调的生活面前安静下来，必须有一个东西来充实，有的人是通过打麻将，有的人是通过广交朋友、旅游，我则把很多闲暇都交付给胡思乱想了。《黑记》我坦率说，它很典型地反映了我对生活的一种恐惧，或者说是我对性的一种恐惧，可能也是渴望吧。不要庸俗地理解这个性，这不是性欲，性欲在今天已经构不成渴望，因为太容易满足了。性欲已经泛滥成灾。是的，我的恐惧正是来自性欲被无限解放、极度泛滥之后人类有可能得到的恶果。一个人，如果要通过不断地过性生活来维持生命，这很恐怖吧？《黑记》写的就是这样一个人，她的生命维系在一次次性交中，没有性生活她的生命随时可能中断。一般人想，你为什么会让她得这种奇怪的病？这种病当然是个象征，我把它当成人性贪婪的象征。这种恐惧一方面是对性的恐惧，另一方面是我对人的欲望被极度打开后的恐惧。有人问我，你怎么会活得那么单纯，你是怎么去满足你的欲望的？我说很简单，关闭你的欲望。欲望是不可能通过实现去满足的，满足一个欲望又会产生三到五个新的欲望。欲望之门一旦被打开，就永远不会满足，要满足最好的办法是关闭。

季亚娅　借用你的"黑夜的书"的说法,似乎也有一种"白天的书",比如很多人会说小说要有物质外壳,谢有顺说要有"世俗心",张爱玲也有类似的论述,也许小说的本性更接近"白天"?你的小说向灵性的方向升腾,黑夜的思辨和玄想气质多了,属于白天的"人间气"似乎不足,也就是作品本身冰冷、坚硬,不够丰盈,这些小说似乎缺乏鲜活的生活质感。常被人说起的"物质外壳"怎样与形而上的思考相统一?进而言之,你怎样看待你的作品与现实生活的关系?

麦　家　"物质外壳"好像也是谢有顺说的,他是一个对文学怀抱理想和独到见识的评论家,年少得志,也没有抹杀他的才情。谢有顺说的物质外壳的问题,我理解他的意思是说文学是有技巧的,是说你要善于用坚固的细节和文字把物质外壳打造得天衣无缝,这和我之前说要把容器打造好是一回事。至于"世俗心",也是一个道理,要解决好小说的"生计问题",人物要有身世、乡情、乡音,情节要经得起常识的推敲,不是信手拈来,天马行空。生活是创作的源泉,需要强调的一点是,这个"生活"不单单是现实生活、日常生活,我认为主要是内心生活。按说像我这种生活很寡淡的人,与当代生活几乎没什么接触的,我的写作应该有很大的问题,但某种意义上反而给我提供了很大的优势。我的小说物质外壳是很坚硬的,是经得起推敲的,因为并不是我没有和你们一起生活我就远离了你们,我的内心其实时刻和你们生活在一起。我有一颗敏感、细腻的心,时刻与你们在一起跳动。这一点很重要,心和灵的介入。有的人为了写一个工人作品到工厂去体验生活，其实这种了解是最基础层面上的。现在网络那么发达，工人生活的程序或工序很容易了解，我不和你一起生活照样能够知道，但是要了解他的内心生活要难得多。

说到文学与现实的关系，我觉得人亲近文学，一方面是人的好奇心在起作用，还有一个原因是现实太琐碎、太庸常了，要逃避它。文学其实是一个梦，是对现实的不满足，是对现实的逃避和臆测。如果文学的最终目的是把你强行拉回到现实，让你牢记生活的难和苦，庸碌和委琐，我怀疑它还有没有存在的必要。文学应该是给人长翅膀的，是把你从地面上升腾起来的一种东西。但现在它常常升不起来，反而是趴在地上，某些所谓的反映现实的写实主义作品其实与文学毫无关系。把生活事无巨细地照搬记录下来，这种事情初识文字的人都可以做。这种作品只会消解文学的美感、高度，使文学变得越来越平庸、弱智。你想，谁不会写实？谁没有底层生活？把这种底层生活毫无保留地直通通地端出来，除了骗人眼泪有意义吗？文学的目的从某种意义上说，是因为我们对现实不满，想创造一个有别于现实世界的天空，至于那个天空对于读者来说是否确实存在，那就看你小说家的魅力了。文字从来有两种导向，一种是我刚才说的把真的也写成假的，还有一种是把假的写成真的——这就是文字的魅力，也是最考察小说家的才情的。什么叫才情？就是你把假的说成真的、把粗糙的生活描绘成一种灿烂的虚构能力。应该说，这也是小说家最基本的能力，可现在很多小说家连这种最基本的能力也没有，只是一味照搬现实生活，没劲。

季亚娅　但是很多人认为写现实是吸引读者的一个途径？

麦　家　一个作家不管写什么东西，最后都必须还原到现实世界中才是有价值的。我的意思是任何写作都是为了反映现实，哪怕像《西游记》这样的小说，完全是虚空、荒诞的作品，放到今天的人面前，我们还是可以看到现实世界的影子。如果它和现实完全不搭界，也就不可能有读者，正因为在荒诞的表面下，它的核心和现实是连通的，它是反映人性的，它是表达世界本质（荒诞）的，所以它才能够代代传下来，至今还有读者。要知道，文学的现实性并不在于它的题材本身的现实性。比如卡夫卡完全是寓言式的写作，但他的寓言具有巨大的现实意义，他写出了工业文明对人的异化。这种例子举不胜举，免了吧。总之，我们不难理解文学写作的现实性有多种实现的途径，并不是一定要把现实生活原封不动端出来，那是一种最偷懒和不动脑筋的做法。文学与现实不是直接的一对一的关系，文学和现实的关系是文字和心灵的关系，是种子和土地的关系，是西瓜和西瓜籽的关系。

季亚娅　前面的几个部分中，我试图以文本为入口，从"写什么"（独特的题材）、"怎么写"（独特的技术追求）到作品所呈现的灵性、智性气质，呈现你带给当代文学的独特经验。这个部分我想讨论的是文本之外的问题，即你的作品的走红所牵涉到的文学与大众文化、传播机制的关系。您曾是影视编剧，在小说改编成电视剧上也曾获得巨大的成功，您怎样看待小说与影视剧结盟的问题？如果说影视剧必须被放在一个大众文化序列来考察，怎样看待您的作品与大众文化的关系？小说是否有重新深入公众生活的必要和可能？这些问题的指向是，这个时代的文学应该如何去，还可以去向哪里，以及媒体的操作对文学创作带来的喜与忧。

麦　家　我不过是个小说家，对这类问题是不大思考的，也不需要（思考）。随便说吧，我姑妄言之，不是为了说明问题，只是为了体现对你的尊重。马原多次说，小说已经死了。他说的对不对且不管它，但这确实反映了一个问题，小说的地位和力量在这个时代正在瓦解、消散。其实这也不仅仅是小说的问题，文学，甚至文字，都面临着这种困难。于坚说过，今天，诗歌的声音已经降到最低点，人们必须弯下腰，跪下来，趴下来，才能感受到诗歌微弱的力量。不光是我们中国，国外也是这样，也许程度轻一点而已。

那么这种现状是怎么造成的？原因可能是多方面的，其中电视机的普及、网络的兴盛肯定是"罪魁祸首"。这当然是站在小说的立场上说的，但我们为什么必须站在小说的立场上？如果站在诗歌的立场上，它可能还要指责小说降低了它的地位呢——它曾经有王宫一样的地位。所以，这根本上是个不值得探讨的问题，就像人要生老病死一样，是个时间进程中必然导致的现象。我不会为此悲观，也不会因此在小说中刻意地加入影视元素去拍影视的马屁，以博得更大的名利。虽然我的小说的影视改编情况非常好，也正因此让我的小说比较轻松地进入了大众传播渠道，但这不是我有意争取来的。再说，这也不是可以争取的。我经常听人说，他要写一部畅销小说，那么请问什么书一定会畅销，你知道吗？谁都不知道。市场是神秘的，无法预期，影视（改编）也是摸不着头脑的，谁想到《断背山》可以拍电影？几个独立分散的故事串联的《暗算》可以拍电视连续剧？我写了那么多小说，觉得《暗算》是最不可能拍电视连续剧的，但就是拍了，而且火了。这里面的秘密是无法破解的，说到底也许是一种机缘。既然如此，我想我们还是把小说当作小说来写的为好，其他问题就交出去，让人家去琢磨吧。

至于小说会不会死，寿命还有多长，对此我是很乐观的。我觉得小说死不了，即使文字没了，它还会继续活着，正如有些民族虽然没有语言，却留下了口头文学一样。文学是直指人心的，我有理由相信，只要人还有心灵，就会有文学的存在。它在地下也是存在，活在冰山下也是活着。如果你不接受小说日益被边缘化的尴尬，我可以告诉你一个办法，就是：把小说写得再跟人已经面临和即将面对的困境紧密一点，再紧密一点，这可能是其他传播手段见拙的地方。我觉得，影视和网络也许可以帮助你打发无聊，却无法为你驱逐寂寞和恐惧。我是说寂寞和寂寞中的恐惧。

季亚娅 怎样看待对某一类题材的纵向开掘的危险？这个问题可以分两个层面。第一，对你个人而言，你的表达方式甚至思维方式上的某些特点与"密码"题材特别匹配，形成了你独特的个人风格。换言之，你的成功是个人气质、表达习惯、思维方式与题材的完美结合。但如果对这种重复经验一再开掘，会不会使极具麦家个性的创造性表达沦落为模式化与日常化，怎样克服这种写作的惯性？你下一个关注的焦点是什么？第二，对于你之外的文学创作来说，你的成功会导致市场化的写作背后类型文学的崛起，以及大量模仿者的出现。在电视剧中可能看得更为清晰，比如继《暗算》之后冒出了大量特情题材的电视剧。你怎么看待这个问题？

麦　家　第一个问题已经引起我的警惕，自我重复正在靠拢我，威胁我，我的阵地有可能成为我的陷阱。我想，我只有两个选择：一个是在老藤上继续折腾，争取长出新果子；第二个是抽身而去，开辟新的"阵地"。我会选择第二个方案，因为第一个太难做到了。当然第二个也不一定能做好，但起码不难做到，试试看吧。而且我可以告诉你，我想写写女人、爱情。我以前的小说基本没有爱情，不会写，想写就是想挑战一下自己。第二个问题，在我看来，很简单，就是中国作家包括影视编剧缺乏原创力。文艺这东西本来是切忌跟风的，但我们明知故犯，跟风成风，而且不知羞。这没办法，也没什么好说的，说到底可能还是我前面说的，从业人员的专业素养太一般了。

季亚娅　请谈谈你的阅读史。哪些作家在哪个层面影响到你？侦探小说、奇幻小说对你有无影响？

麦　家　我的阅读资源主要还是来自外国文学，而且是比较单纯的西方文学，到现在为止日本文学我一部都没有看过。我最早迷恋的一个作家现在被大家认为是一个二流作家，就是奥地利的茨威格，是他唤起了我对文学的热情。但真正教我写小说的第一个作家是塞林格。因为我童年的阴影一直很大，地位很低，没人愿跟我交流，所以很早我就学会了自我交流，从初中起我就开始写日记，等我写到大学的时候已经写了三十多本了。所以有时我说我这人天生要当作家的，因为从小我和别人交流的渠道被切断了，怎么来满足交流的欲望？只有自我交流。有一天我发现塞林格的小说《麦田里的守望者》完全像是日记。我非常高兴，原来日记也就是小说。于是我就开始写小说了，写了《私人笔记本》，就这么简单。

当然，后来看了卡夫卡、博尔赫斯、纳博科夫、马尔克斯这些作家，我不承认茨威格是个二流的作家，也许他是我的"初恋情人"吧，我一直很珍惜他。我甚至觉得，我们为什么今天把茨威格当成二流作家？是因为阅读他的作品需要无比大的耐心，因为他的作品语言密度特别大，而我们这个时代最大的缺点是耐心的缺失。卡夫卡曾说过，由于我们没有耐心，所以被赶出了天堂；由于我们漫不经心，所以我们永远无法返回天堂。我们抛弃或者冷落茨威格，不是茨威格本身的错，而是因为我们的耐心发生了巨大变化，是因为我们没耐心去读这种文学密度特别大的作品。

我认为，真正的好作家、一流作品是没法学的。很多人说我学博尔赫斯，博尔赫斯怎么能学？马尔克斯能学吗？学不到的。一学就让人看出来哪里学的，那就不成功。其实我长期以来很迷恋和反复读的一个小说是纳博科夫的《洛丽塔》。我非常喜欢纳博科夫，远远超过博尔赫斯。如果说一个作家的读书有什么诀窍，就是不要广泛地读，而是发现一两个自己喜欢的作家，反复地读。这种读的好处，就是能让你自己处于一种亲密的文学氛围中。一个作家，你喜欢他的作品，他就像你的亲人一样，亲人不可能太多的。亲人只有一个，也能够无穷地温暖你。

最后，我要说，我的"亲人"中没有阿加莎，没有柯南·道尔，也没有松本清张，他们都是侦探推理小说的大师。但是很遗憾，我没有得到过他们的爱。我今年春节才受王安忆的影响开始看阿加莎，我认为她非常了不起，但也很"绝情"——因为她已经把她开创的路堵死了，谁要照她的路子写，肯定死路一条。我可以说，有了她，足够了，我们再也不需要第二个复制品了。

季亚娅 最后一个问题：你怎样看待你的作品中雅与俗的关系？有人说，你的"特情"小说中有各种流行因素，写奇人奇事，很容易被认为是传承传奇小说一脉。你是否从传奇小说中获得灵感？你个人也非常看重"故事"的作用。这种故事的传统在传奇小说那里，是与日常生活俗世精神高度统一的，但你在吸引人的故事背后试图告诉我们的，恰恰不是故事的满足，也不是对日常生活的拥抱，而是命运、灵魂归宿这一类最先锋反世俗的命题。你怎样看待这二者的矛盾统一？

麦　家 我想以小说的方式来结束这次谈话，我实在太累了，真的，谈不动了，留个遗憾吧，也是悬念和趣味。

我不知道有多少故事值得我们去写,但知道一个好故事值得我们反复写。《风声》也是这样反复出来的,挨了一刀又一刀,除了心脏,其他都换完了。

我庆幸自己
没有迅速成名

采访者
何平

2020 年 8 月 18 日

因为说得太多，我发现我几乎变得无知。我是说，对于《风声》，对于编辑又一次相似的请求，我几乎完全确定自己的空洞。我不记得《风声》已经再版多少次，应该是两位数的次数了。每一次再版，编辑总是巧舌如簧，说服我添砖加瓦。一次次，我其实早已被榨干掏空，但拒绝依然不奏效。我要会拒绝，就不会被掏空——早已！生性软弱，拒绝是学不会的，如色盲学不会认颜色一样。我认命，一次次空手招架。终于，这一次空的手也举不起来。我张口结舌，窘迫狼狈如一条上岸的鱼，只会大口喘气。突然——是天无绝人之路吗？我灵机一动：干吗不找个人对话？对话嘛，被人牵着鼻子走，总是容易得多。于是搬救兵，找何平：他读我的小说多，想必牵得到我的鼻子。我们先在电话上聊了一通，然后他出题，我答卷，考试一样。如是反复，话赶话，居然收不住——我觉得他不但牵着我的鼻子，也在我的敏感部位抽鞭子，激得我窍门大开，沉渣泛起。

这个对话之长，不容我再多说一句，打住。

何　平　我们先从《风声》的外围开始聊吧？

麦　家　好，《风声》确实也有些"花絮"可以聊。

何　平　我记得，《风声》是 2007 年以《暗算》第二部之名，在《人民文学》第十期发表的，而《暗算》则发表于 2003 年的《钟山》，中间隔了四年多的时间。这仅仅是因为 2006 年电视剧《暗算》的影响，还是两者之间存在更隐秘的联系？

麦　家　确实存在"隐秘"，但不是《暗算》影响《风声》，恰好相反，是《风声》影响了《暗算》。《风声》的源头早在 1998 年，那时无人关注我，你也不可能关注到。

何　平　1998 年？那一年我好像才开始写文学批评。你把源头推到那么以前，一下空出差不多十年时间，让我十分好奇。

麦　家　我是 1997 年从部队转业到成都电视台的，在电视剧部当编剧，不坐班，也没活干。我在电视台干了 11 年，就干了三两件活儿，加起来花不了半年时间。这 11 年我无聊到底，倒也逼我当了个小说家。

小说家是被"废"的一种人，火热地生活，每天被人要、被人管是当不了小说家的。生活废了，空了，小说家才活了，蹒跚地上路了。所以，我经常说是成都电视台"培养"我当了小说家，领着不菲的薪资，每天在家写小说，写不出来说明你就不是这块料。

何　平　你写出来了，确证你是这块料。

麦　家　我以为我是有写东西的天赋的，这种天赋主要体现在摸得到方向、忍得住煎熬，可以用一个晚上想一句话。我在 1986 年尝试写小说，写之前没看过几本小说，但读了大量的诗。有一天我决定写小说，没有故事，只有一些情绪就开始写了，像跟人吵架，毫无章法。弄了小半年，弄出一个两万字的东西，居然发表了。甚至，后来还以此敲开了解放军艺术学院文学系的门，说明它确实有些品质。然后，到1998年年底，我在电视台已就职一年多。一天我部门的头儿有点要考我的意思，安排我写一个迎接新中国成立五十周年的电视剧。我不知道怎么写，临时找了个《美国丽人》的电影剧本，先把样式搞懂了，然后想故事。当时我正在看王央乐先生翻译的博尔赫斯的一个短篇小说集，里面有一篇小说《交叉小径的花园》，现在都把它译成《小径分岔的花园》。这是一个间谍小说，讲的是第一次世界大战时期一个德国间谍，在被英国间谍追杀的情况下如何把一个情报传给上司。不论《美国丽人》还是《交叉小径的花园》，离我的剧本都差着千万里，但我就拄着这两根"拐杖"跌跌撞撞上路了，最后写出两集电视剧《地下的天空》。领导看了很喜欢，就组班子拍了。拍到一半，央视一个领导回成都探亲，住在宾馆里，闲着无事看了我的剧本，问谁写的，说这么好的剧本完全可以拍电影。电影他管不着，不了了之，电视剧他是老大，说了算，大笔一挥，拨给我们台五十万，买了这剧。这也替我在台里买了名声和地位，让我可以名正言顺窝在家里写小说了。由此才熬出了小说《解密》和《暗算》，包括《风声》，这都是我在电视台时写的。

何 平 我看到做你小说研究的人常勾连起你和博尔赫斯的关系，没想到你的电视剧背后还荡着博尔赫斯的"幽灵"。这或许可以找到你的影视剧与众不同的密钥。下次有机会,我们可以就这个问题聊聊。

麦　家　现在就可以聊。你知道,《暗算》是一部"抽屉小说",由五个独立的故事串成的:一个"听风者",两个"看风者",两个"捕风者"。2003年7月出版,当月一家影视公司捷足先登,把两个"捕风者"的故事买了。第二家公司想做一个"三部曲"系列,问我手上还有没有"捕风者"的故事。我就想起《地下的天空》剧本。对方看了很喜欢,但问题也出来了,这东西怪怪的,一半小说,一半剧本,不好找编剧,有署名麻烦。就这样,我索性揽下活儿,昏天黑地了大半年,弄了一个三十集的《暗算》电视剧本,其中"捕风者"的十集是从两集《地下的天空》长出来的。从两集到十集,不可能只是"注水",一头猪是无论如何"注"不成一头象的。就是说,在扩写过程中,我加入了大量新东西。电视剧播出后,火了!不仅剧目火了,连带这个题材都火了,谍战剧剧种应运而生。现在我经常被称为"谍战之父",其实我是不要这玩意儿的,它遮蔽了我的小说太多的光辉。但平心而论,当今迭代风起的谍战剧风潮正是《暗算》刮起的,严格说是其中的"捕风者"刮起的。"捕风者"是个十分正统的谍战故事,好学易仿,一下子像癌细胞一样地派生,灭都灭不掉。相比之下,"听风者"和"看风者"专业性强,一般人攀不上的。

话说回去,2005年,是抗战胜利六十周年,《收获》王彪约我写一个正面抗战的东西,时间十分紧,我就投机取巧,把十集"捕风者"剧本改成一部中篇小说，发了。在改写过程中，这个故事被《圣经》的故事照亮，依稀照出《风声》的影子。我的家族里有信基督的遗风，我虽不是基督徒，但确实经常看《圣经》，对《圣经》的故事是了解的。《圣经》的四部福音书——《马太福音》《马可福音》《路加福音》《约翰福音》，记述的是一个人，即耶稣的生平故事。四部福音书各自为营，有同有异，既冲突又补漏，给了我创作《风声》的灵感。《风声》是"一事三说"：共产党说，国民党说，作者说。所以，要论一事多说的源头，不在《罗生门》，在《圣经》。

啰唆这么多，我大致把《风声》的写作经过交代出来了。

何 平 这些盘根错节的写作秘道，你不说没人能看清楚。这也提醒包括我在内的所谓专业读者，对一个作家的个人写作史，或者说写作逻辑的复原和再现，不能单单依赖作品发表的时间和刊物等这些表面信息。作家的写作，从获得灵感到最后瓜熟蒂落是个相当漫长的生长过程。同时我发现，《风声》的写作过程其实很像《解密》，一而再、再而三地重述同一个故事。你好像很享受这种近乎游戏的快乐。

麦 家 我喜欢对一个故事颠三倒四地写。我不知道有多少故事值得我们去写，但知道一个好故事值得我们反复写。好小说都是改出来的，我迷信这个。《风声》也是这样反复出来的，从最早的《地下的天空》出发，挨了一刀又一刀，除了心脏，其他都换完了。这个过程一点不游戏，而是充满挑战。

何　平　再说《风声》的发表吧，好像争了一个第一。据我所知，《人民文学》以前不发长篇小说的，你当时怎么会把它投给一个不发表长篇的杂志？

麦　家　当时《人民文学》主编是李敬泽，他一直很关心我的写作，一般我有新作都会请他把把关，提意见。没想到他很喜欢，直接发稿了，成了《人民文学》创刊后第一部完整刊发的长篇小说。责任编辑是徐则臣，现在是副主编了，他为此还写过一篇文章，谈《风声》"破纪录"的发稿过程。

何　平　《风声》发表和出版后，你即获得当年华语文学传媒大奖年度小说家。授奖辞可以随手在网上查到："麦家的小说是叙事的迷宫，也是人类意志的悲歌；他的写作既是在求证一种人性的可能性，也是在重温一种英雄哲学。他凭借丰盛的想象、坚固的逻辑，以及人物性格演进的严密线索，塑造、表现了一个人如何在信念的重压下，在内心的旷野里，为自己的命运和职责有所行动、承担甚至牺牲。他出版于二〇〇七年度的长篇小说《风声》，以从容的写作耐心，强大的叙事说服力，为这个强悍有力、同时具有理想光芒的人格加冕，以书写雄浑的人生对抗精神的溃败，以关注他人的痛苦扩展经验的边界，以确信反对虚无，以智慧校正人心，并以提问和怀疑的方式，为小说繁复的谜底获得最终解答布下了绵密的注脚。麦家独树一帜的写作，为恢复小说的写作难度和专业精神、理解灵魂不可思议的力量敞开了广阔的空间。"这个授奖辞应该出自评论家谢有顺之手。对一个小说家而言,"为恢复小说的写作难度和专业精神、理解灵魂不可思议的力量敞开了广阔的空间"是很高的褒奖。在我看来,这不仅仅是对《风声》的评价,也是对《风声》之前的《解密》和《暗算》的追认。后来《暗算》也获得了第七届茅盾文学奖。从评奖制度上看,华语文学传媒奖和茅盾文学奖并不相同,前者一定意义上是独立的、民间的,后者则是"国家"意义上的。先后获得这两个奖,再加上读者的广泛认可,有这样成就的作家在当代文学史上并不多。你是怎么看这个问题的?

麦 家　这应该问你啊,作家管写,你们评论家管评,奖也是你们管的。虽然有种说法,优秀的作家都善于阐释自己的作品,但我更亲近另一种说法:一个作家的优秀与否在于他写下了什么作品,而不在于他的阐释水平。打个蹩脚的比方,曹雪芹从没有阐释过自己的作品,福克纳也不大有。还是你来吧,这是你的特权和专长,我相信你在抛问的同时心里自有答案,把答案也抛出来吧。

何 平　谈不上答案,只是一些个人的想法。我觉得,你的小说里蕴含着中国当代作家很少写却又无法忽视的典型中国革命经验和记忆。一直到现在,"地下工作""谍战"仍然是中国人革命记忆和想象中最鲜活的部分,"特务"更是过去中国人日常生活的一部分。但当代作家对这么大的一块经验却很少关注,你应该是最先关注的。当你把经验的触角伸展到这样的隐秘世界,如果把你的小说也看作推理悬疑小说,你的写作其实提出了一些悬疑小说的核心问题：悬疑小说究竟是我们生活不可抵达的遥远的异邦，还是我们生活若即若离的周遭？悬疑小说的恐怖、不安、残酷、凶险究竟是生活的意外，还是我们生活的日常？悬疑小说究竟是智力游戏还是心灵探险？等等。

你擅长拿捏读者的心窍，设置小说世界的明与暗，然后摇身一变作为一个自由出没于明暗世界的亲历者出场，把在黑暗中跌跌撞撞的摸索说了出来，获得了对黑暗包裹的一切命名的权力，而且是世界之"暗"最可靠的作"传"人。对于我们生活的世界，难道那些被照亮的部分，真的就那样可靠吗？

麦　家　我是个悲观主义者。我害怕黑暗、残暴的人性，又渴求去揭露。你说我是"黑暗的传人"，陈晓明也曾有相似的解读。英国一个专业书评人，包括我的翻译和编辑，都有这种指认。甚至，《暗算》的英文书名也被译为 *In The Dark*，翻译回来应该是"在黑暗中"。我很怪的，一个乡村野孩子，却从小就怕黑，做的梦都是黑夜里的事。我没有梦见过白天，而且少年时代经常做同一个梦，一只黑色的大鸟，像老鹰又不像老鹰的一只大鸟，翅膀张开来有一座房子屋顶大，无数次，它从浩瀚的天外飞来，羽毛都是黑色的，在黑暗中黑得发亮，像闪电一样刺眼。然后我一只眼睛，右眼，十一岁那年，一夜醒来瞎了，经过长达半年的中西医治疗，也只恢复到0.3的视力。这是很奇怪的事情，但确实在我身上发生了：梦中的一道黑光把我一只眼刺残了。

我不知道我想说什么，也许是想说：我一直生活在恐惧中，对黑暗的恐惧，对怪物的恐惧。其实人是最可怕的怪物，我一直相信，那只大鸟是人变的。这种恐惧是我写作的神秘力量。

何 平　有意思，你把"黑暗传"理解成写黑暗的"传人"。两个"传"，字同音不同。"传人"记录下来的文字成为"传"。"传人"，既要写出对黑暗、恐惧、孤单、未知等的极端个人化的感受和反思，又要让这些经验、感受和反思得以"流传"。从"流传"之"传"的意义上，当代作家很少像你这样做到极致。但是，我们往往很容易把"流传"之"传"看成很俗气、非文学的。这可能是很多作家的一个误区。

麦 家　可能首先是你们评论家的误区，你们把作家往"象牙塔"里赶，把讲故事、重"流传"看作俗气，贬为"非文学"。看轻故事是中国当今小说的一种时髦，其实，故事绝对是小说的上层建筑，故事才是"曲"，没有故事的"曲"，不过是小调而已。很长一段时间我的小说一直受"文学"的奚落，连发表都难。

何 平　你刚才说了，你是1986年开始写作的，按照世俗意义上一个作家的成功指标，你应该到2006年后才"达标"，历经二十年。你也说过，《解密》在《当代》发表之前经历过十七次退稿。这意味着你的写作生涯有一个漫长的黑暗期，这个黑暗期之长，在当代成名作家中也是罕见的。

麦　家　这个黑暗同样让人恐惧，但不会把我变成一个"写黑暗"的"传人"。这个"黑暗"是一块磨刀石，只会把我磨锋利了。花开太早不见得是好事。我庆幸自己没有迅速成名，然后迅速消失。

何　平　这次重读《风声》，它"回忆录叙事"的特征，让我想起一本小书《伪装的艺术：回忆录小史》。此书提醒我们，凭读者个人之力是无法辨别那些对着上帝发誓声称自己所言非虚的回忆录的，而专业读者则无意理会真实性这种东西，因为他们默认文学的真实本身就不是客体真实。然而问题在于，如果"真实"标准是多元的，那么真实本身就成了伪命题。在《风声》里我看到一种非常稳定的结构：面对同一段往事，不同的当事人有不同的"回忆"，读者先要听潘老回忆的"东风"，再听顾小梦回忆的"西风"，最后还要跨越时间去感受"我"所叙述的"静风"。这是一种很后现代的多元主义风格，背后的逻辑是承认真相是无限的，而能够被记录下来的历史记忆只是一种"小真相"。换句话说，它把记忆认定为一种社会活动，通过每个个体的差异中的记忆来修正那些记忆的"标准像"。你之前提到了"四福音书"对《风声》的"照亮"，事实上，我们如今很难说后现代主义和《圣经》式的叙事究竟是谁先发现了谁，它们好像是同时向我们扑过来的。在先锋叙事逐渐退场的今日，我们似乎更倾向于把解构带来的那种后现代主义本身视为一种相对主义，认为后现代的背后还有一个真相。

说了这么多，我想知道的是，十多年过去了，当你再次回溯当年架构的"东风"、"西风"和"静风"三重叙述，你觉得这样一种对峙的叙事结构，究竟把历史的真实或文学的真实带到了怎样的境地？

麦　家　我们知道，真实的生活里其实充塞着太多的不真实，儿子为了一双名牌皮鞋把母亲杀了，贪官把几亿现金窝藏家中，事发后夜以继日地焚烧，匪夷所思到了完全失真——失去"标准像"！但我们不能指责生活，因为生活有不真实和荒唐的特权。小说有虚构的特权，却被剥夺了不真实的最小权力，《风声》中笨重的窃听设备绝不能被针孔探头替代，院子里的竹林不能换成椰子树林，否则就虚假了。小说中任何一个失真的物件、反常的细节都可能是致命的，因为赋予它虚构的特权就是要高保真，杜绝虚假。所以，海明威说，他不允许任何不真实进入他的小说。

也许你说得对，历史的真实是一个伪命题，但文学的真实是一道数学题，是由读者心中的"标准像"和作家对事物的认知换算嫁接出来的。正如数学是最根本的哲学，文学的真实是最高级的，它是从生活本源中提炼出来的一种高保真，犹如玫瑰精油之于玫瑰花。

何　平　在《风声》中，历史的真相或曰真理，不是越辩越明，而是越辩越缠绕越浑浊。细读《风声》，你既是命题者又是解题人，那么在具体写作中，谜底在手的你是不是胜券在握地隐藏在文字背后的呢？不是。你把自己设定在一个面对世界之"暗"同样无能为力的捕风者的位置上，一面引领读者去建构一种确信，一面又悄悄去瓦解这种确信。事实上，你的小说到处充满着自我否定和审改，也就是我上面提及的那种三重叙述对峙的结构，它因为对峙而具有了小说力学上的稳定性。或许正因如此，在特情小说或者谍战小说这种类型小说的专业名词被广泛接受之前，你的小说曾被命名为"智性小说"，王安忆评价《风声》时说它"在尽可能小的范围内，将条件尽可能简化，压缩成抽象的逻辑"。

麦家 不是真相或真理越辩越浑，而是多了视角，多了切面。我们接受的教育过于正面、单一，这不符合认清历史真相的逻辑。在一个声音大行其道的高压秩序面前，我们需要其他声音，需要一个怀疑的声音，一种怀疑的精神：怀疑从来不会伤害真相，只会让真相变得更加清白，更加稳固。巴尔扎克说，小说（被认为）是一个民族的秘史。跟历史书对着干，这是文学的任务之一。

我一直认为，《风声》里是有大绝望的。从大背景看，1941年的中国乃至世界是令人绝望的，二战局势未明，人类处于硝烟不绝的乱世。从小环境说，美丽的裘庄实是人间地狱，人人在找鬼，搞鬼，恶对恶，狗咬狗，栽赃，暗算，厮杀，人性泯灭，兽性大发。而真正的"老鬼"李宁玉，身负重任，却身陷囹圄，内无帮手，外无接应，似乎只能忍辱负重，坐以待毙。眼看大限将至，她以命相搏，绝地反击，总算不辱使命，令人起敬。殊不知，翻开下一页，却有人跳出来，把她舍生取义的故事推翻，形象打碎，一切归零。这是多大的绝望！空间的裘庄转眼变成时间的裘庄，我们都身处裘庄里、迷宫里，看人在时间的长河里无休止地冲突、倾轧、厮打，不知谁对谁错。"我"费尽心机，明访暗探，仍不知所终，甚至挖出来更多令人心寒的"史实"。

何　平　我们已经几次谈到博尔赫斯，让人不免想到中国当代先锋文学鼎盛时代，你也是从那儿出发的。但我留意了一下，很少有人将你作为形式和观念意义上的先锋作家来看。从今天的中国小说格局看，你是少有的能够将上世纪80年代先锋传统转移和安放在当下，并在当下激发出新的创作活力的作家。先锋小说家普遍征用的"元叙事"、"第一人称叙述策略"、"非道德化视角"、"解构历史"、"游戏化"以及"语言策略"等技艺，这些在你的小说中被运用得娴熟老到。从整个写作观来看，你不再按照传统和先锋、雅和俗、宏大和个人等等来建立自己写作的精神谱系和边界，而是自由地调动诸种写作资源。而且，先锋注重的只是小说的结构变化和叙事策略，从小说的世界观看，隐隐约约感到你在向卡夫卡式"体制对人压抑"的现代命题靠近。

麦　家　上世纪80年代的先锋文学今天大概是找不到了，连气味都闻不到。但对什么是先锋文学我有自己的理解，不是一味往前走就是先锋，有时大踏步回头也是先锋。今天我们普遍认同的先锋文学的一些要素，如你说的"元叙事"，什么"解构""游戏""反道德"等都失去了簇新的锋芒，老掉牙了。我甚至想，即便我们长出了"新牙"，发明了一些"新钞票",也难以发行。为什么?因为先锋文学的现场是建立在精英阅读的舞台上,而今天精英阅读的台面已经坍塌。互联网让众声喧哗,把精英赶下台,成散兵游勇,随时可能遭大众群殴。精英如虎落平川,失势了,失声了,无力发行"新钞票",也不想发行了。所有歌声——文字也是歌声——都有表演的诉求,当精英的歌唱无人聆听,甚至只能被刻薄,闭上嘴也许是唯一选择。你刚才提到,我的小说有体制对人性压制的现代命题,我想这是事实。从701到裘庄,我的小说里的人物都被困限在高墙里,人性被职业重压、异化,思想被信念固化,个性被强大的秩序统领、捆绑:这些无疑是中国经验。但无人去探究、研究,人们津津乐道的是谍战,是故事:这不是精英的声音,是大众的喧哗。这是令人沮丧的事情,但这是现实,恐怕也是未来。

何 平 言重了。说实话,我觉得研究你的人并不少,《人生海海》出版一年多来,我注意到至少有二十多篇评论,几乎各大文学评论刊物都做了专题研究。也许你会觉得这些声音微弱,传不远,但可以传下去。传下去才是真正的远,那些喧嚷不过是泡沫,经不起时间的风吹。

麦 家 你这是典型的精英思想。

何 平 是不是有点堂吉诃德?

麦 家 堂吉诃德战的是风车,你今天战的是《风声》。

何　平　我愿意把这个"你"置换成你的小说的读者。我不知读者有没有发现，你的小说所塑造的人物，无论是瞎子阿炳，还是黄依依、陈二湖、容金珍、李宁玉、陈家鹄、林婴婴，或多或少都是带有魔性的人物。陈思和在近几年提出中国作家写作中的"恶魔性因素"。你的小说中的魔性人物究竟属于一个怎样的人物谱系，值得我们思考。其实，中国古典传奇和志怪的叙事传统谱系中多的是魔性人物的述异志和畸人传。应该说，我们现在对这样一种带有召唤性的民族阅读传统的研究还不是很充分，包括《暗算》《解密》《风声》《刀尖》等，你一直以来都在强调凸现人物的异质性与偶然性，强调"特殊情境下的特殊天才"。他们在破译形形色色密码的同时，本身已然构成了一种难以言明的人物或者英雄或者魔性的历史密码。这自然带来一个相关性的问题，当然也是刚刚说起的堂吉诃德给我带来的兴趣，即你是如何理解"人"、"人性"和"英雄"这些不断被制造又不断被挪用、讹误的文学元素的？

麦　家　福斯特在《小说面面观》中说，由于亨利·詹姆斯忽视了生活，他将会灭亡。小说不同于诗歌和戏剧，可以放弃对生活的忠诚；小说从生活中汲取养料，必须回到生活中去，对生活负责。说到底，是要对人负责，要揭示人的生存状态、内心、人性。问题是我们要对什么人的生活负责，对一个政治家甚至科学家来说，无疑是广场上的人，平头百姓，生而平凡的人，因为他们是大多数；对一个文学家来说，什么人的生活可以帮助我们认知人，什么人的生活更具备文学性，是必须独立出来考量的。这一点，我有点"复古"，我偏爱深宅大院里的人，有传奇异质的人，有特殊使命和经历的人。他们的生活也许缺乏世俗现场感，缺乏生活质地，少了烟火气，但大开大合的经历，大悲大喜的感受，大荣大辱的考验，可以极限地展示人的内心，透露人性最幽暗的光。

尤其在今天，互联网让每个人都成为书写者，人人都把自己当作英雄、传奇者，不厌其烦地推销他们猫猫狗狗的生活，烟雾缭绕，汹涌澎湃。你听到了人的脚步声，但听到心跳声了吗？你领看了生活的多样异彩，但感受到美了吗？虽然小说家不能以追求美感为目标，但不能获得美感就意味着灭亡。虽然传奇异人的生活不乏偶然性，但什么是偶然？偶然就不是生活吗？用博尔赫斯的话说，所谓偶然，不过是我们对复杂的命运机器的无知罢了。世界不是偶然就是必然，我暗暗对自己说：留下偶然，把必然交给哲学家吧。

何 平　研究者关注最多的是你的小说里的英雄。你用了两个词——"英雄"和"传奇者"，"传奇者"要远大于"英雄"。从权力关系看，《风声》有很多我们习惯上认为的"反角"和"反派人物"。这些人对小说家和小说术而言，有的可能是另一种意义上的"传奇者"，比如我就注意到《风声》中肥原从热爱中国到仇视中国进而成为施暴者的人生反转。事实上，你的小说中很多所谓的"反派人物"都有他们的传奇性。以前我读你的小说，都被英雄人物迷惑了，现在这个问题我要花时间好好想想。

最后一个问题。我突然想起你在《风声》获华语文学传媒大奖的演说中说到作家有三种写作方法："用头发写"、"用心写"和"用大脑写"。你说《风声》是用大脑写的，因为"这不是一个用心写作的年代。用心写作必须具备一颗非凡伟大的心，能够博大精深地去感受人类和大地的体温、伤痛、脉动，然后才可能留下名篇佳作"。去年《人生海海》出版，你觉得这是不是一部符合你想象的"用心"写作的小说？如果是，你现在怎么看自己个人写作史的用心和用脑写作？

麦　家　事实上，没有一个人会说他的东西是不用心写的。不用心就不会提笔，笔不是手提起来的，是心。所以有种说法，人提笔就老，因为要用心，眉头皱起来了。但是心本身是不会写作的，写作是一门手艺。博尔赫斯有一个短篇小说集，起的书名就叫《手工艺品》，旨在强调写作是门手艺活，农民种地一样的，没有脑子，不懂农业，种不好地的。《风声》这个小说，像黑塞的《玻璃球游戏》一样的，是一种观念性小说，是作家跟历史间的一个复杂神秘的棋局，经验、技巧的占比要大一些。这里的经验更多的是集体经验，个人要化到集体中去。但我能把自己化入大和人、斯拉夫人的集体中去吗？化不进去的。我的心只对中国经验敏感、多情。就是说，虽然过程中有诸多技术、设计，但起头的还是心，是一颗中国心，是民族情感。这类小说是不大有作家个体的心跳和体温的，它有脑电波，有算计，有智力绞杀的齿痕。《人生海海》是反智力的，采用孩子视角就是不要智力，要感受，要心气。孩子有灵敏真切的感受力，我在创作中要不停地回顾、回顾，去找到失散久远的我，那个懵懵懂懂、惊惊乍乍的孩子。如果说《风声》种的是公共用地，《人生海海》是自家一亩三分地，给人感觉它更加用心、倾情——恐怕你也有这种感觉。但我不认为这是一把量作品好坏的尺子。这是两类作品，像锄头和匕首，不可比。也许《人生海海》像锄头，有泥土味，接地气，我们偏实用的价值观会更偏爱它。但这不是匕首的问题，是我们趣味的问题。说实话，十多年过去了，这次重读《风声》，我依然觉得这是一部好小说，真的像匕首一样精致机巧，衔着刀刃的光芒。

何 平　对的，像匕首，它的精致机巧，既是小说家天赋的，也是一代又一代读者磨砺的。所以我一直认为，所谓文学经典，是作者和读者在时间长河里的无限延宕下去的密约，是彼此联手打造的。

《人生海海》是反智力的,采用孩子视角就是不要智力,要感受,要心气。我在创作中要不停地回顾、回顾,去找到失散久远的我。

我为什么转型?

采访者
季进

2019 年 3 月 16 日访谈
2019 年 5 月 31 日整理

季进和我是同龄人（同龄不同生肖），同样不爱热闹，不事张扬，不大有威严；有诸多相似。很长一段时间，我们甚至有同样病症：胃寒，不能吃喝凉冷食物。我经过长期早上吃生姜改善了这状态，他好似并无好转。他也无须好转，他得有缺点，否则我心不平。如实说，我深知底子里我俩绝非同人，他是真正有涵养，生性好，像个大教授，肚皮里能撑大船；我粗陋，生性高敏感，外冷内热，直肠子，眼里揉不得沙子，常忍不住甩出尾巴开罪人，冒犯人，被人曲解，为人忌惮。天下没有季进的敌人，我处处为敌，步步惊心（故内人总忌我独自出门，惹是生非，伤人害己）。其实我是个很善良的人，只是没有季进的修养和好脾气。我把季进列为自己修身养性的学习榜样，多年来勤奋与他往来，指望耳濡目染被他熏染。正因此我们交情日深交集频仍，但凡我有新作他总是专程来与我深聊详谈，指点迷津。以下是我出版《人生海海》和《人间信》后，他分别第一时间的登门赐教：前次为2019年3月16日，再次是2024年5月25日。十几年出了两本书，当然是少了，好在我们见面聊天机会并不少。博尔赫斯说："人群是一个幻觉，它并不存在。我是在与你们个别交谈。"季进是我近十年来最大的三五个"个别"之一。

季　进　　老麦好，很高兴有机会来聊聊你的新作《人生海海》。我个人感觉你的新作相当棒，可以说是不负众望，惊艳登场。人性与命运、偶然与必然、孤独与英雄、记忆与铭记，一旦进入小说世界，就欲罢不能，绝对是近几年长篇小说中让人眼睛一亮的作品，相信一定会有比较大的反响。你能不能先介绍一下小说创作的过程？大概写了多长时间？写作过程当中遇到了哪些问题？为什么会写这样一部作品？

麦　家　这是我第一次跟人谈《人生海海》。说实话，我现在其实还在这个作品里面，整个情绪还没有跳出来，还不是个局外人，可能得等个几个月，等我变成它的局外人，那个时候来谈可能会更好一些。总的说，2011年写完《刀尖》后，我自己也觉得那种题材，所谓的特情题材或者说谍战题材，我已经写到了一定高度，也是难度。不管情感的积累还是素材的积累，我都感觉已经捉襟见肘，继续写下去，不是完全不可能，但难免自我重复，原地踏步。我不甘于就此止步，还是想进行新的文学探索。我大概静下心来想了两三年吧，一边阅读一边思考。这个过程说起来很妙的，我有意识地想斩断过去，而阅读和思考有意无意地驱使我回到了故乡，故乡的影子就在我的停顿过程当中慢慢凸显出来。或者说，我回到了过去的过去，最初的过去，上校的故事就在那儿等着我。然后这个故事一直在不停地生长，大概到2014年，我感觉差不多了，大概七八月份，开始下笔，然后就断断续续地写，一直写到去年八月份算是第一稿完成。

季　进　前后差不多四年，时间还是蛮长的。是因为要不断打磨，还是因为其他什么原因？

麦　家　一方面是因为小说题材完全是新的，而且是很有挑战性的叙事，另一方面这些年确实杂事颇多，经常被干扰。最后字数也就二十四五万字，如果状态好的话，一年可以写完的，但确实拖拖拉拉写了四年。

季　进　你这真是慢工细活，《人生海海》无论是故事还是语言，都十分精致圆润，看来这四年的付出还是值得的。《人生海海》相对于你之前的作品，可以说是华丽转型，跟《暗算》《风声》等作品有着明显的差别。在我看来，虽然题材变了，或者说小说类型变了，但还是有一些东西是一贯的，比如说你所关心的那种不可揣测的人性、命运，依然是新作的核心关怀。甚至有的内容，与你以前的短篇小说，比如像《汉泉耶稣》那样的作品，也有一些延续。

麦　家　对。我心里其实早就有了上校这个故事，慢慢在酝酿，在这个过程中写了一系列短篇，比如《日本佬》《畜生》《汉泉耶稣》《杀人者》等，基本上都是以故乡为圆心展开的系列短篇。某种意义上，这些短篇都是在为《人生海海》的写作热身。

季　进　原来如此。你觉得《人生海海》是你的转型之作吗？如果说是，那么是什么样的机缘、出于什么样的考虑，促成了你这样的转型？

麦　家　我觉得从题材上来说无疑进行了转型，以前大家比较关注我的几部作品，《解密》《暗算》《风声》，一般都说是谍战小说，我喜欢把它们称为特情小说。不管是容金珍、阿炳，还是黄依依，这些人物其实在日常生活中是看不到的，他们只是传说，待在高深莫测的秘密机构，从事着神秘却极为重要的工作。这些人不是常人，是特殊人物，是人中骄子。但这次在《人生海海》中，我写的主要是一些常人，即使像上校这个人物，有非常的一面，但我也着力在表现他平常的一面。他有一段非常的历史，但这段历史我只是一笔带过，主要是写他背负这段"非常历史"回到老家，回到现实，回到世俗生活。以前我的小说也许有点反世俗，但这次从题材到故事甚至情感记忆，都一下子回到了我的童年和故乡。这是一个明显的变化，肯定是一种转型，也许可以说是从国家主义转到了民间乡土。但是，从写作手法上说，我觉得还是一脉相承的，无论是塑造人物，讲好故事，还是在一个传奇故事中探究人性复杂、幽暗、脆弱的一面，这些东西我觉得还是没有什么变化。总的来说我对人的内心总是有一种恐惧，既惧怕又好奇，有一种隐秘的热情。我觉得就是这种恐惧又神秘的热情，驱使我一直在探究人性秘密。在《解密》《暗算》《风声》里，表面上是在写破译密码的人，但根子上是想通过他们的故事、他们的命运来说明人性也是一部密码。

季　进　你谈到对人性的恐惧和神秘的热情，这个可能是你的作品最核心的东西，是作品的内核。你的小说有了这个内核，其他的外套，无论是以前所谓的谍战故事的外套，还是现在这个故事的外壳，其实都已经不重要了。换句话说，从这个意义上讲，可能并不存在什么转型之说，只是在小说的具体写法上，我们还是能看到明显的变化。我想提出的另外一个问题是，《人生海海》通过上校的传奇故事，其实描摹了从抗战一直到改革开放的历史，其中有一些暴力的、创伤的记忆。你对于这段历史似乎是有一种执念的，很愿意对这段历史有所传达和表现。这段历史就像小说里面说的，到底是像报纸上所说的那样放下了呢，还是始终与历史纠缠在一起？历史的幽魂一直压制着父亲的生活，成为他生活中一种鬼魅似的存在。我觉得"历史"在小说里面其实有两种面向，一个面向是它铺衍了整个小说的基本脉络，呈现了你对这段历史非常独特的观察和思考；另一个面向则是历史的暴力和创伤所带来的压抑。我的问题就是，你对历史的这样一种表达是出于什么样的一个动机？是有意为之还是什么？

麦　家　专门直奔某个主题来写东西，显然不是，但你这么解读，我觉得也是理所当然。因为这个小说其实和革命、暴力、创伤是纠缠不清的。上校这个人物，从离开乡村的那一天起，就进入了一种战争状态，后来又面临一个革命状态。战争也好，革命也好，都是一个暴力状态，是吧？它是一个暴力的秩序。我记得海外有一个评论家叫白睿文，你认识吧？他曾写过很厚的一本书叫《痛史》。

季　进　对，Michael Berry，老朋友，我很喜欢这本书。

麦　家　我觉得这本书的立脚点特别新颖，也很深刻。他认为中国现代文学的起点是暴力，是对暴力的恐惧，对暴力的执着。他举了一个例子我觉得很有意思,他说整个中国现代文学是建立在鲁迅基础上的,而鲁迅的写作建立在什么基础上?恰恰就是暴力。他谈到了幻灯片事件,鲁迅正是因为看了一群愚民围观杀一个革命者的影像,才决定要弃医从文,是一个暴力事件触动了鲁迅,从此决心以文救人。而鲁迅的开山之作《狂人日记》,就是一个充满暴力想象和恐惧的作品,狂人所恐惧的是随时可能被人吃掉,他的恐惧来源于吃人的暴力想象。现代文学这种出发点,既与明清小说隔开了距离,也对后来的现当代作家产生了潜移默化的影响,有意无意地受到它的影响。我个人在写作《人生海海》时,当然没有这种观念上的先入为主,但回过头来看,上校这个人,自从离开村庄的那一天起,就一直处在暴力和战争当中,最早参加国民党军队打红军,后来打日本鬼子,再后来国共内战、朝鲜战争,反正始终处在一个革人命的状态、你死我活的状态。自从上海期间那个特殊的暴力对他构成伤害以后,他已经自行放弃了人生的很多东西,甚至有点不食人间烟火,但他个人的生活仍不断地被生拉硬扯到战争和革命之中。最典型的是"文革"那一段,他的人生本来已经平平淡淡,解甲归田,成了一介农户,应该过起日出而作日落而息的普通生活,没想到一场突如其来的"革命"又把他整个人生点亮了,用暴力的方式点亮了他的暴力,重回他的痛史。上校的命运也说明,这一百年来中国个人的声音,个人的权利、活力是相当微弱的、不稳定的,他总是国家的一分子,总是大历史中的一枚小螺丝钉,有意无意地扮演着国家主义的生存状态。

季　进　由此我们也可以理解小说中"历史叙事"与"乡土叙事"的矛盾与吊诡。从小说的叙事框架来看，里面投射和传达从抗战到当下的整个历史，而小说的叙事语境基本上是紧紧围绕乡土展开的。在传统的乡土想象中，乡土当然是比较宁静的，是救赎的，也有自己的道德正义，但你的小说里面的乡土，因为有了那些暴力，那些革命，它便变得充满了危机，充满了各种流言蜚语，这种流言蜚语甚至给小说里的人物带来了致命伤害，"我"不得不逃离了乡土。所以，你的乡土叙事，会不会与历史叙事构成冲突？或者说，历史的暴力，会不会影响到你重回乡土的愿望？

麦　家　说到乡土，我还真有话要说。你刚才谈到了乡土总是让人想到质朴、宁静、与世无争，但从来没想到那里面也有那么多的战争与恐惧。我觉得我们对乡土的认知往往是建立在对乡村美好想象的基础上，它看起来挺田园，很世俗，但其实里面处处隐藏着人与人之间的高危的、紧张的关系。上校的遭遇就是一个极端的例子，乡村人的那种粗鄙或者说野蛮，一下子把他扯入了一个巨大的旋涡中，剥掉了表面的宁静，进入了一种你死我活的状态。一个流言给小说中的"我"以及"我"一家人制造了巨大麻烦，甚至逼得"我"背井离乡，那真是古人所说的人言可畏。人言就是一把刀，别以为乡村的那些人无知无识，恰恰是这种无知无识有意无意地给很多人造成了伤害。无知者无畏，无知者无罪，乡村制造谣言的土地特别肥沃，而人们对谣言的识别能力又特别差，谣言的杀伤性也就来得特别大。以前对乡土的批判和揭露，往往限于饥饿、贫穷这些表面的东西，更可怕更深层的是，由于长期暴力革命所导致的人心不古、人心向恶，人们时时处处都会莫名其妙地伤害他人。

季　进　乡村的这种人心不古也好，道德危机也好，到现在也还是可见的，并非小说所描述的时间段里特有的，而是一种普遍性的问题。有个小问题，小说里面有一个很重要的意象，就是上校的猫。这个猫基本上与上校自始至终如影随形。你反复写这个猫，跟整个小说对命运的探索，是不是有什么指涉关系？或者你选择写猫时，有没有什么特别的隐喻性？

麦　家　有一定的隐喻性。上校这个人物因为特殊的原因，对人是充满恐惧的，表面上好像跟大家其乐融融，其实内心已经不愿意把自己交给他们。对于旁人来说，他有太多的不可告人的秘密，这些东西成了他的包袱，他背负着这些包袱生活，其实对他人已经失去了信任。但他总要找一个依托，情感的依托，找一个出口，我觉得他应该会去嗜好一个物，可能是动物，可能是植物，可以把自己的情感投放在这些物上。我给上校选择了猫，我觉得上校从战争中来，经历了那么多血雨腥风和生死危机，其实对死亡应该是有点恐惧的，死亡离他比离任何人都要近，而民间传说猫有九命，他养猫也是对自己生命的一种寄望，希望有九条命的一个畜生陪伴着他，能赐他更多生命的力量。

季　进　这么说来，上校与猫，可能并不是一般的"恋物"所能解释的了。小说前半段很多是爷爷在讲，而后半段经常会出现报纸上怎么说，这种叙事变化似乎显示了某种话语权力的微妙转换。这种话语权力的转换，有没有什么有意为之的考虑？如果两种叙事之间有一种有意为之的呼应关系，那么前面爷爷的告密跟后面报纸的种种说法，是不是有一种指涉关系？小说最后小瞎子开始通过网络来传播消息，和人联系和聊天，网络又变成另外一种权力话语。这种不同权力话语之间，有没有什么关联性在里面？

麦　家　评论家读作品确实跟作家不一样，你这么一阐释，一下子让作品变得很有深度的样子。其实我写的时候没有想那么多，事实上我也只能这样写。为什么？作为一个乡村的孩子，乡村的世界是如此狭小，不可能读书，也不可能看报，那么对他来说，权威的话语往往来自身边的亲人，或外地来的城里人，那些有点知识、有阅历的人，往往代表着一种传播力。小说里村长、上校、爷爷都是这样的人，我设计了"爷爷说"，赋予有威信的爷爷一种话语的权力。但一旦走出乡村，进入到外面的世界，甚至走出国界，它就是一个信息社会，掌管传播力的权柄被报纸、媒体取而代之。"报纸说"一方面是对这种变化的呼应，另一方面也是人物塑造的需要。他整天说报纸上说，说明他在国外生活得很孤独，读报纸是了解信息的渠道，也是消遣孤寂的途径。

季　进　还有一个好处，那些报纸上说的话，往往是带点哲理的警句。这些警句，如果直接由"我"自己来讲的话，就不太符合人物身份和语言个性，这样处理其实也有效地避免了这个问题，挺有意思的。

麦　家　因为爷爷经常说很多富有哲理的话，我想后面还是要贯穿起来。到后面似乎没有合适的人物来说，"我"中学都没毕业，没法扮演这个角色，所以只有用"报纸说"来处理。

季　进　对。小说题目是《人生海海》，我们前面也说了小说最核心的是对人性命运的把握和传达。小说中"命运"绝对是一个关键词，除了命运还有一些宗教因素。按照小说里面的说法，人生就是充满各种各样的波折变数，可能也有一种暗示，只有经历了人生苦海，似乎才能得到解脱。从这个意义上来讲，人生海海首先要投身进去，你才能体会到人生的百般滋味。无论是上校也好，老保长也好，还是"我"，其实都经历了这样一个过程，首先是投身于生活，然后历尽艰辛，最后才有了人生的彻悟。这样理解"人生海海"，对不对？读者可能对"人生海海"的说法还比较陌生，很好奇你为什么会用"人生海海"做小说题目？

麦　家　说到这点，我想给自己的小说做点解释。外界一直对我以前的作品有些误解、误读，可能很多人都没读过作品，只是通过影视作品对我有个先入为主的认识。即使读过作品也容易产生误读，因为我的小说确实把故事放大了。我常说，在故事和思想之间，如果只选一个，我肯定首选故事；在语言和人物之间，让我二选一，我肯定选择人物。这并不意味着我不要思想，也不要语言，但要二选一，我肯定这么选择。我觉得，想要思想的话，任何一个思想家都比你的小说的思想更完整、更深刻、更具高度；你想要语言的话，肯定比不过诗人，甚至好的散文家都比不过。诗歌就是要强调语言，强调语言的探索性、语言的改良性。那小说家最擅长什么？就是塑造人物，就是讲好故事。这是作为小说家的根本任务，所以我的小说在故事上往往是花了很大力气的。但现在大家似乎把故事视作贬义词，好像谁在小说里讲故事，这个作家就缺乏文学深度。

季　进　这种看法毫无道理，优秀的文学作品与故事性并不矛盾。我插一句，《人生海海》中故事的饱和度真是很惊人的，里面的故事放在其他人手上也许可以把它分解成三个长篇了。你现在把它紧紧地融合在一部长篇里，一环扣一环，一个接一个的故事，就紧紧抓住了读者，让人欲罢不能。

麦　家　我为什么要把那么多故事融到一起来讲？单纯讲一个故事相对容易，要把几个故事融合到一起来讲，难度就大大增加。为什么要以一种结构把这些故事勾连在一起？归根结底是为了所谓的意义、思想，我要传达一种人生道理，那就是人生海海。我从故事出发，绝对不仅仅讲完故事就了事，我要让读者在故事中有所感悟，这些东西一个故事承担不了，必须把很多东西糅到一起去，将其推到极端，逼读者去思考。这些故事融汇在一起，交织在一起，起起落落，就是要说明人生的起起伏伏，波波澜澜，什么事情都可能发生，人生就像大海一样复杂多变。因为人生复杂多变，你在里面受苦受难，其实是人生常态。总的来说，这是一部鼓励人好好去活的小说，浓彩重墨描写人生的挫折或艰辛，目的不是让你看透生活、放弃生活，而是让你更好地去热爱生命、热爱生活。

季　进　我想这也是优秀文学作品最值得我们肯定的方面，正是《人生海海》这样的作品，才让我们的读者通过文学体验人生，然后让我们各自去好好活着。我还想问一个叙事层面的问题。小说完全采取了第一人称的叙事视角，这个选择应该说是很大胆的。按照一般的想法，小说里面几个不同的线索，如果换一种全知全能的叙事视角，也是完全可以的，甚至叙事上会更加游刃有余。可是你却选择了一个最难处理的第一人称的"我"的视角，这是出于什么样的考虑？

麦　家　你刚才也说了，这个故事其实是非常强大的，我完全可以采取线性叙事，从上校出生写起，一路写下来，我相信每个环节都可以引人入胜，写作难度肯定也大大降低。可以说，这种全知全能的视角、线性的结构，对我来说完全没有挑战性。所以，我选用"我"，而且一大半是童年的"我"来叙事，就是为了封锁视角，封锁视角的目的就是增加叙述难度。这等于是我有意绑住了一只手，或者弄瞎了一只眼，但我又要看到全局，掌控全局，这就给自己增加了难度。我总觉得，小说是一门艺术，有它的门道和技巧，你能够玩出花样，玩出一种难度、个性、手段，这才是文学，是艺术。

季　进　对，一个优秀的作家就应该有这样自觉的探求意识，不断地挑战文学成规，创造出有自己个性的文学叙事。如果只是按照大家习惯的叙事方式去写，没有"陌生化"的追求，大概很难在艺术上有所创新，有所贡献。虽然你的第一人称叙事有些冒险，但我觉得还是很值得的。

麦　家　是的，不管是小说还是其他艺术，形式上的探索，都是有价值的。形式上新的尝试、新的挑战，对作家而言都是有意义的。你面对的是一个艺术品，而不是生活本身，不是拍纪录片，也不是记日记，而是写小说。我觉得每个小说家都应该有这种野心，努力为小说家族提供一些新的质素。虽然第一人称叙事的小说以前并不少见，但我这部小说的视角，从童年起，从乡村出发，跨越了半个多世纪的时间和一个世界的距离，这是很挑战人的。

季　进　除了叙事视角，你的小说中的一些悬念设计、细节处理，也给我留下很深印象。比如上校肚皮的字，就是小说最大的悬念，那些不可知的文字，引发了各色人等的命运变化，演绎了一个又一个的连环故事，发挥了非常奇妙的效果。我们都知道名传千古的岳母刺字的故事，你这小说里面的刺字，其实有点反写经典的反讽意味。我就想到，文字之于国家也好、民族也好，之于这个故事也好、人物也好，既可以赋予光荣，也可以见证耻辱。有时候我们也会被文字所异化，被它所引诱，被带入某种困局，比如说"我爷爷"就是被不可知的上校肚皮上的文字所困扰，最后走到了一个绝境里面。

我想问的是，你是不是有意赋予那些神秘的不可知的文字一种特殊的效能？

麦　家　我想不仅仅是上校肚皮上的那行字，小说中小瞎子的大字报、公安局的公告、林阿姨的告状信等，很多核心的情节都是通过文字来传递和完成的。我觉得进入了现代社会，文字的魅力大于任何东西，一本书、一行字都可以杀人于无形。我想这一点上校自己是深有体会，正因为他被刺了一行字，从此决定了他命运的多舛。当年在他身上刺字的人，应该也知道文字独有的杀伤性，在他身上刺字，就是想把文字的杀伤力无限地放大，甚至永不消失。小瞎子写大字报用的也都是杀气腾腾的文字，想用文字把人打倒、毁灭。文字确实有它非常高贵、非常美好的一面，我们历史的传承、思想的传播，都是依赖文字，每一本书都是我们人类智慧的结晶和阶梯。但是另一方面，所有东西都是相爱相杀的，当一个东西被赋予极大的权力的时候，可能也会走向它的另一面，反面。文字也有它的两面性，它的正面功能被放大的时候，负面功能也可能随之而来。小说里的一些核心情节、重大转变都是靠特定的文字来完成的，都是文字挑起的战争，这正说明了文字的两面性。

季　进　某种意义上，文学的魅力也来自文字的这种双面性，也为我们解读小说带来了更多的可能。小说中"我"后来的工作是收垃圾，我想"收垃圾"是不是又有某种隐喻性的意义？本雅明曾经有一篇文章专门讨论拾荒人，他说的拾荒人当然是捡拾历史的人。你把"我"最后的工作设计为回收垃圾，是无意为之，还是跟你关于历史的思考有所关联呢？

麦　家　确实是有意为之。我可以把他设计成做导游或其他工作，同样可以经常回来，也很切合他的身份。我为什么要把这个人物赶到垃圾场，显然有一定隐喻性。大家都知道改革开放这么多年来，经济发展其实制造了很多垃圾，世界上也有很多洋垃圾被当宝贝运到了中国。这种垃圾既有实体性的真正的垃圾，给环境带来破坏；也有一些是垃圾的技术，垃圾的生产方式，这也是一种污染。不少人从"垃圾"中获得了巨大财富，比如小说中的"我"在海外曾被打到生活最底层，沦为"垃圾"，后来又靠垃圾发家。所以，"垃圾"在这里不仅仅是实指，也有小小的隐喻。

季　进　那说明我读对了。不管人生多么坎坷，不管历经了多少磨难，哪怕被打成了垃圾，小说最后还是给予我们温暖的亮色，渡过了人生苦海，我们还是能够达到比较好的彼岸。这还是很积极的。

麦　家　我觉得90%的作家写作品的目的肯定是教人好好去活。教人好好去活也并不是说一定要把一种美好的人生展示出来去鼓励别人，让他们去羡慕这种好、激励他们去追求这种好。我觉得这是一种方式，相比之下它有一定的虚假性。人生很完美，一生都在超越，这样的人是人中凤凰，太少太少，要上天眷顾才有可能，多数人都是经历了各种各样的磨难，起起伏伏，在磨炼当中变得更加坚强、内心更加博大。内心博大后才能获得一种更博大的力量，让自己走出这种困境，拥抱更好的未来。我觉得这是一种正常的人生。我希望《人生海海》看起来是磨难挫折，却能激励人走向美好。

季　进　无论作品的结构、叙事的视角，还是这些细节的设计，甚至语言节奏等，都看得出这是一部用心之作，特别精致。

麦　家　应该说我写得是很用心，文字的精致，叙事的严密，是我小说一贯的路子。既然要讲故事、要用情节来塑造人物，必须做到逻辑上的合理，不说环环相扣，至少情节的起承转合过程中不能出现硬伤。《人生海海》前后改了七稿，每一稿都在找这种硬伤，如最后一稿我补充了林阿姨给上校遗体铺白布的细节和说的一些话，原来只是一笔带过，但我想到，铺白布之前按照习俗应该还有擦洗身子、穿寿衣等环节，你不可能脱了衣服直接盖白布，是吧？如果这样处理，就有硬伤了。还有，我考虑得比较多，也是觉得难度最大的问题，是让什么人说什么话，让每个人有不同的口吻。每个人的人生观、世界观，甚至性格涵养，都是通过他的对话表现出来的。你看爷爷的那种谈吐，就知道这个人肯定读过书，在乡间扮演着什么样的角色，而老保长满口粗话，信口雌黄，天不怕地不怕，被生活完全打趴在地，照样活得优哉游哉，没有特别经历的人不可能这样吧？而林阿姨的叙述，我尽量克制了情绪，静静地诉说，叙述者好像已经完全被生活残酷的一面磨掉了，所有的情绪乃至情感都没有了。这种调子其实很难控制。

季　进　对，其实那种看起来是淡淡的平静的叙事背后激流涌动的情感，反而能够形成一种力量，直逼人心。林阿姨最后这部分真的非常感人，虽然你叙述的调子有意地把它放得非常平淡，其实真的很能打动人。这也是小说很有张力的地方。

麦　家　所有的问题其实都可以用一个字来解决——慢，把速度减下来，慢慢地想、慢慢地写、慢慢地改，一寸寸去接近目标。我相信我们这些作家的各方面的积累都已经够了，但写长篇确实有它残酷的一面，我自己有体会，写着写着真的会厌倦，内心的疲倦，身体的疲倦。以前我还可以一鼓作气写一部长篇，有时难免有一些功利性，但现在确实没有了功利性，就是想怎么能写好小说，一年不行就写两年，两年不行就写三年，不急功近利，耐得住寂寞，慢慢打磨。我开始计划两年写完这部长篇，最后写了四年，数易其稿才定稿，定稿以后又花了半年时间修改。

季　进　我倒欣赏你这种创作态度，以慢来应对一切，精心打磨，不轻易出手，一旦出手，那一定是自己相对满意的精心之作。类似于这种风格的作品，目前还有其他计划吗？也有人觉得你没有必要这么辛苦去突破原来的小说模式，你以后还有没有可能再写原来的那种小说呢？

麦　家　如果我有一天回头写谍战，肯定不会是以前的写法，我必须找到一种新的写法。话又说回来，我以前的谍战小说也和别人写的完全不一样。如果我还去写那种人物、那种题材，就必须要找到一个新的方式，不然宁可不写。我觉得写作最大的乐趣还是通过写作有一种新的发现，这种发现是自我内心有新的照亮，有些人生经验在写作当中会突然像灵感一样冒出来。对我而言，我希望我的创作，不仅文体要有创新，结构上也要创新，可能的话，还应该要有一种新的叙述语言，那才是创作的最大乐趣。

季 进 好极了，你总是拒绝重复自己，不断地寻求创新的可能，这才是一个作家了不起的地方。非常期待你未来的新作！也谢谢你抽出宝贵的时间与我交流。期待下次再聊！

我生命的底色是女性,换句话说,女性一直是我生命底色当中的一抹亮色。

直面自我
幽暗的内心

采访者
季进

2024 年 5 月 25 日

季　进　老麦，你好！先要祝贺你的新长篇《人间信》正式出版。前不久看了"与辉同行"直播的新书首发，你已经谈到一些对作品的理解，很受启发。我大概准备了一些问题，我们随兴而聊吧，不用拘泥于这些问题。我记得上次我们电话里说到小说书名的时候，最早不叫《人间信》，是叫《伤口之伤》，我觉得蛮好，后来改成了《人间信》。选择《人间信》，而不是什么地名、人名或者器物作为题目，这样的命名有哪些考虑？这是不是跟你的写作初衷也有关系？

麦　家　这个书名也是慢慢长出来的，开始当然不是它，《人间信》大概是将近第五十个名字。之前我跟你说的是《伤口之伤》，《伤口之伤》之前还有《呜啊呜啦》，这是我最早决定用的名字。到现在为止，汉语里有形容各种声音的象声词，唯独没有形容哭声的。当时我就想，这个小说主体是悲苦的，尤其是女性，小说里的女性和"哭"，和"苦"、苦难连在一起。不管是奶奶、小姑，还是母亲、小妹，她们在生活面前都是积极向上但又忍辱负重的，她们的内心充满眼泪。我有一种"业心"，或者说一种天真之心，想用"呜啊呜啦"这样一个象声词，把中国的"哭声"固定下来。

有人觉得《呜啊呜啦》这书名挺别致、大胆。也有人认为，如果我是一个无名作者，可以起这样一个标新立异、夺人眼球的书名。但我现在是个受人关注的作家，且年届花甲，不能做一些冒失的事情，应该端庄，不能轻佻。他们的想法都有道理。最初我非常倔强、坚定地跟出版社说："就它了！"出版社回复我："还是再考虑考虑。"后来大概用了两三个月时间琢磨，最终决定放弃《呜啊呜啦》。

《呜啊呜啦》是一个阶段，《伤口之伤》也是一个阶段，我在之后的二十来个书名里选中了《伤口之伤》。这部小说于2023年8月16日完稿，我慢慢修改了差不多将近半年。其实如果快一点，2023年9月即可出版。但我不急，还是拖到2024年出版，这段漫长的时间允许我拖沓、磨蹭。后来有一天，我读到安妮·卡森（Anne Carson）的一首诗，我觉得很贴切，就把它用进去了："在完全黑暗的时候，伤口会发出自己的光，把它缝合起来。"我觉得这很符合我的主人公的内心，就叫它《伤口之伤》。当时出版社觉得这个名字不错，又别致又"小资"，他们觉得"小资"是个优点，可以吸引一些年轻人。其实"小资"是我不能接受的，我觉得我跟"小资"相距甚远，而且我也不想有意去迎合年轻人。我当然希望年轻人喜欢我的作品，但我不会用谄媚的方式。后来我又一次踏上寻找书名的征程，确实是想了很多，就不一一列举了。

突然有一天，"人间来信"这个名字在我脑海中冒出来。"人生海海""人世间"这些名字其实都很适合这部小说，我原来甚至打算直接将它作为《人生海海》的第二部出版。可有人觉得，这种命名方式是在利用自己过去的名气打强势牌，我并不乐意。《庄子·内篇》有一篇《人间世》，给了我很大启发，我想也许可以起名叫"人间什么"。"人间来信"就这么冒出来了。这"信"至少反映了人间的一个特殊时代里，具有代表意义的寻常百姓家的苦难史、血泪史。报给出版社后，陈明俊说，《人间来信》这题目意象挺好，但有点像科幻小说。听到这话，我又迟疑了。有一天我突然想到，叫"人间信"不挺好？当"人间信"三个字冒出来时，我完全不迟疑了。"人间信"和"人间来信"是两种完全不同的表达，"人间信"的表达很充分、很饱满，又有一种模糊性——你可以把它理解为人间写来的一封信，或者说是写给人间的一封信，也可以理解成信念，是人间的信仰、信念，甚至是信息、信心等等。

季　进　确实，"人间信"一下子就把整部作品的指涉性辐射出去了，大大拓展了作品阐释的多重可能性。一部小说的命名，真是要殚精竭虑，细细琢磨，才能如斧破竹，妙手偶得。

麦　家　对，有时候命名的目的性、针对性越强，对小说本身而言越是一种局限，因为这部小说本身的中心含义不是那么单一的。我们现在这个时代是那么喧嚣，"信"的概念也越来越缺失，人间越来越无信。

季　进　包括人与人之间的信任也是这样。

麦　家　所以当"人间信"这名字自天而降时，我非常坚定地接受了它。

季　进　　在《人生海海》取得巨大成功之后，你选择创作这部《人间信》，最早的想法是什么？是按照"故乡三部曲"的结构设计，顺其自然地构思创作了这部小说，还是出于其他考虑？

麦　家　　写《人生海海》的时候，我已经在构思《人间信》了，只是当时没那么明确。大概2011年之后，我有好长时间（三年）没写什么作品，心头却一直在想着"故乡"这个题材，有些想法、有些人物就在心里成长起来，"日本佬"这个人物是最早构想出来的，曾经写过一个短篇小说。在《人生海海》里，我的目光完全盯着上校，这个人物闪闪发光，让我内心很晕眩，必须一吐为快！当然，写作的过程还是很慢。如果《人生海海》不成功，很可能就不会写《人间信》了。好在这口井挖出水来了，我就有信心来写《人间信》，写一写"我"和"我"的家里事。《人生海海》讲的是上校的故事，那里的"我"完全是个观察者的视角，开始是童年和少年的视角，后来是中年和晚年视角，虽然最后旁敲侧击了一下"我"的晚年，穿插了一点"我"的爱情故事，但总的来说，那个"我"是个观察者，"我"的功能不是作为讲述的对象，而是在讲述别人。而《人间信》中的"我"不仅是一个叙述视角，更重要的还是中心人物："我"成了第一人物，做主角了。《人间信》中"我"的视角，其实是假的，不是真的，至少不严格；而《人生海海》中"我"的视角很严格，"我"之外的东西一概不说，把视角锁得死死的。

季　进　　对，限制视角，这对写作者是一种挑战。

麦　家　包括到了晚年也是限制视角，"我"不是叙述者，是观察者、接受者，是别人故事的聆听者，至于"我"之外的东西严格限制，不想象，不延展。《人间信》里的"我"既是主人公又是叙述者，从一开始"我"就是上帝视角，自由周转在过去、现在和未来。

季　进　这种全知视角和之前的限制性视角完全不一样，效果也完全不同，《人间信》的叙述视角，让叙述者可以自由往来于各个不同的人物、场景、空间之间，让小说的故事得以充分地延展。这两部作品包含的"人生"或"人间"概念一般说来都是比较宏大、抽象的，但作品都是用具体的个人命运与乡村生活来演绎和表达。从《人生海海》到《人间信》，除了创作视角、叙事视角的转换之外，有没有其他用心在里面？《人间信》还有哪些有意的尝试、延伸和变化呢？

麦　家　两者确实有很大的区别。我刚才说过，《人生海海》讲的是上校的故事，上校不只是承载着他自己的命运，还同时承载着中国将近一百年的革命史。《人生海海》讲的是天下事，是以革命为主线的百年中国近代史：从上校在乡村出生长大，参加北伐，参加五次"围剿"，到解放战争，到抗美援朝、"文化大革命"……整个来说，百年中国波澜壮阔的革命推动着历史的发展。《人生海海》里面的"人"是属于天下的人，小说讲的也是天下的事或者是中国的近代史。而《人间信》里面没有天下，天下只是一个过客。老实说，这就是一个家庭的故事，更直接地讲，其实是在讲"我"的心事,"我"内心的冲突、成长。我想两部小说的最大区别就在这里,《人间信》离我更近,尽管我特别反感或者害怕别人说"这就是你的经历"。不,这不是我的经历,但确实是我的精神史。

季　进　你的作品无论是写天下,还是写个人,某种意义上都是通过你的作品阐释和见证中国现代社会的变迁,这是一种从个人切入历史的方式,以小说来呈现历史的一种方式。这就涉及历史和文学的关系问题——我们如何以一种文学性的叙事来超越历史?或者反过来说,这部小说背后所指涉的中国现代社会的变迁,如何通过小说虚构成为一个文学问题?你的作品对历史的呈现,更多的是以乡土为背景的,而中国现代文学除了乡土叙事之外,城市叙事也蔚为大观,两者对历史的呈现有着非常明显的差别。那么,对于乡土叙事或乡土文学你有什么看法?无论哪种叙事,你以后是不是会有相对轻快一点的表达,而不是像《人生海海》《人间信》这样比较沉重的历史呈现?

麦　家　我觉得在文学面前,"历史"这个词挺虚假也挺抽象。这个词的虚假和抽象,使得它完成不了文学的使命,因此也更凸显出了文学的价值。我们今天说历史,比如《人生海海》那段历史,如果不是通过上校、林阿姨这样的人物来讲述,可能只需要三五百字就足够记录下来。对于经历过这段历史的人来说,这三五百字可能会唤起他们或悲或喜、或苦或难的联想。我们想象一下,百年之后的人们看到这将近一百年的革命史只有干巴巴三五百字的介绍，他们很难会感动，他们的感情不容易掀起波澜，最多会觉得这段历史和曾经的某一段历史很相似。如果三五百字的革命史变成上校这个人物，那么不管是三百年以后还是五百年以后，一个真正有文学阅读热情和经验的读者读了这部小说，肯定会因为上校经历的起落沉浮、上校内心的清高与倔强、上校的侠义和仁慈而备受感动，而内心澎湃。当然三百年或五百年后，这本书还能不能被读者看到，那是另外一码事情。但我相信，只要读者未来有一天和这本小说相遇了，内心会起波澜，甚至会感动，这就是文学的价值。正因为坚信这一点，所以我写出了《人间信》，甚至还会写下一部关于故乡的故事，这就是我"信文学"的初衷。

你刚才说到的"乡土文学"，这个概念我是不大能接受的。我笔下的乡土不是真正的乡土，它只是人的心灵史。虽然我从小在乡下长大，但坦率地说，我没有乡村生活经历，只有所谓的特殊的"革命"经历。很多经历给我的内心留下了阴影，它对我的扭曲，我对它的反抗和恐惧等等，这些东西确实在我身上留下了非常深刻和鲜明的印迹，但这些不是乡村的特色。如果一个城里人，他的父亲是"右派"，外公是地主或资本家，那么当年他在城市里照样会被人歧视、诟病、打压、戴上黑帽子。所以，这种经验其实是那个时代的政治高压之下的一种人生状态，它不是乡村状态，至少不是乡村独有的状态。我真的不了解乡村，虽然生于乡村、长于乡村，但十四岁就离开了乡村，去城里读高中，然后上大学。

我和莫言、阎连科他们可能不一样，他们那一代人成长在乡村，参加生产队的劳动，甚至在那里谈了女朋友，直到二十多岁才离开乡村。

季　进　完全理解，乡村之于你的作品与一般意义上的"乡土文学"确实不一样，"乡村"只是你的故事的空间、叙事的框架，因此你的作品中有些内容，貌似是乡村叙事，其实换到其他空间也依然存在。比如小说中写的邻里矛盾、流言蜚语，是乡村叙事的一个重要方面，它在乡村世界里面所起到的作用，更多的是一种"负能量"，但放大来看，这样的叙事和作用在城市文学中同样存在。这种乡村叙事跟我们通常所说的"乡土文学"其实是有着比较明显的差异的。

麦　家　我觉得把乡村比作一个大院，也能形成相似的效果。比如一个校园，也是如此。校园也是一个小世界、一个圈子，圈子里的人可能互相诋毁，互相吹捧，互相设限。我在书中设计的是一个村庄，不过如果我要写城里、写大学也完全可以，大学里面照样可以发生这样的事情。钱锺书不是也写了"围城"中的明争暗斗，相互猜忌，是吧？

季　进　是的。我还有兴趣的是，从《解密》到《人生海海》《人间信》，都有不少关于长辈故事的描写，对家族脉络的叙事，好像是你的作品中比较关注的内容，当然《人间信》已经开始从家族走出来，开始在写"我"的故事了。我想问的是，以后有没有可能写一个纯粹的"我"的故事，完全从家族、家庭叙事中走出来，以一个纯粹的"我"的个人化的视角、立场来呈现乡村政治、乡村文化、乡村生活，这涉及你后面的一部作品，如果作为三部曲的话，你叙事的立场会不会发生这种变化？

麦　家　关于"我"在小说里面的呈现，《人间信》可能是最深的了，以后可能不会有这么深刻的呈现。这是因为我把自己放进去了——不是我的经历，而是把我的精神完全放进了这部小说。小说里有一些隐喻的东西，但这不是我写作的根本指向。在写作之初，我还真是想写写自己，写我自己的生命当中最不可言说的一种情感。我生命中一直有一种羞耻感和自卑感，这既是那个时代造成的，也是乡村逼仄的生存空间给我带来的压力所致。

小说里有几个情节来自我真实的体验。故事一开始就是小姑之死——我家真有这么一个小姑，上吊寻死，结果未遂，舌头"断"掉了。这件事在村庄里像恐怖故事一样流传，人人会讲。甚至，村里人在骂我家里人时会把这个"小姑投胎！"当成是一种诅咒。大人根本不知道，当他们谩骂孩子的时候，给孩子留下的阴影有多么大。最初，所谓的革命、政治还没有对我造成压迫，也没有对我们家庭构成伤害，然而"小姑之死"的传闻和辱骂、诅咒却对我构成了伤害，让年幼的我有一种羞耻感。后来，当整个特殊时代波澜壮阔的时候，我们家被打到了最底层，我心中的有罪感达到了顶点。作为一个年幼的接受者，我被伤害的感觉达到了顶点。加上家庭出身不好，这两件事给我的生命留下了挥之不去的羞耻感。这部小说意在说出我的羞耻感，说出的目的并不是忘记。成长过程中被羞辱的经历和感受，是我生命中非常重要的一部分，我有一种不吐不快的本能。在一定意义上，写出这种羞耻感是我的一种生理需求。把它们写出来之后，我可能不会再有如此深刻地触碰自己内心这么敏感、这么隐秘角落的执念。这是最后一次，也是最深的一次自我挖掘。

季 进　羞耻感在国内本土的文学作品当中很少表现，大家很多时候不愿意这么坦率地呈现自己内心的真实，特别是这种羞耻感。在西方，出于宗教目的，不少作品会有对于个人隐秘灵魂的表现，但是这种表现在本土作品当中真是不多。从这个角度来讲，《人间信》确实很有意思，无可替代。

麦 家　其实我最初写作《解密》，本身就想寻求真相、表达真实，这是我一直以来写作和做人的追求与目标。也不是自吹自擂，我就是不想说套话，不想说假话，尤其到今天，我更不想说。我可以很自豪或者很负责任地说，我之所以辞去职务，之所以不热衷于交际，就是不想跟人家说套话，不想跟人家过分"甜蜜"，见面很高兴地拥抱，然后说"你亲自来上厕所""你亲自吃饭"……我实在厌倦说这种话。很多人总是习惯或学习说假话，我以前就反感这种事情，如今年届六十，更不想这样。我一直说真话，我内心给自己的写作设定了一个目标：如果有一天我成功了，并因此可以影响人，我希望教会人说真话，我和我的读者都要说真话。今天我跟你做这么深入的交流，是因为我把你当朋友看，一般我不会这么说。

季　进　在现在的社会语境下，要做到这点其实很不容易，可是这似乎又是对一个作家或一部作品最基本的伦理要求，两者的悖反耐人寻味。

麦　家　所以我坦率说，《人生海海》《人间信》和下一部小说，这"三部曲"总的来说都是写实的。如果再写下一部，我可能想抽象一点，想写一种象征性的小说。

季　进　太好了，这对于你来说，又是一个转型或突破。

麦　家　也不知道能不能写出来。就"写实"层面来说，我觉得这三部作品写出来，已经过瘾了，该说的已经说完了，包括我自己生命中的那种耻感。要是我真的犯过大恶、行过大恶，我也愿意写生命的恶，以此进行忏悔，但是我确实没这种体验，没有陀思妥耶夫斯基那种人生经历。

季　进　你说的忏悔，提醒我注意到你的作品中的宗教意味。在你的作品里面，基本上都是善始善终、恶有恶报，有比较良好的、朴素的宗教意识。以前的作品也会涉及一点宗教信仰的部分，这次小说基本上是道教，也有佛教、佛教徒。在整个乡村世界里，宗教确实发挥了非常重要的作用。你在小说中不断带进这种宗教意识或者带进宗教元素，是有意的设计，还是希望起到一个什么样的作用？

麦　家　我觉得，乡村的宗教信仰首先是一个客观实在。中国的乡村和宗教密不可分，但中国乡村对宗教不是信仰，而是需要。乡村不是通过信仰宗教来提升或照亮自己的内心。宗教是乡村的一个拐杖，可以说是在走投无路情况下的一种精神麻醉。

季　进　　这跟真正的宗教信仰不一样。

麦　家　　对，它们有很大的不一样。真正的信仰是一种力量，而中国乡村里的宗教，是无奈、无助之后病急乱投医一般的投靠。

季　进　　简单来说，乡村里的宗教更多是一种世俗性的，西方的宗教信仰更多是一种精神性的。

麦　家　　我们不但是世俗，而且是非常强烈的世俗。一个人有求有难的时候就会去信仰宗教，无求无难的时候是不会去的。这把宗教彻底功利化了，功利化的同时也是愚昧化。功利和愚昧是连在一起的。不管是《人生海海》还是《人间信》里面写的宗教，都是乡村本身客观事实的再现，是一种隐秘的乡村文化。本来宗教是形而上的，但中国乡村的宗教变成了形而下的东西。《解密》有非常深的宗教背景，这部作品已经拍成电影，改编时我坚决不同意删掉宗教内容——容金珍出生于一个大家庭并被抛弃，最后被一个传教士抚养成人。这对这个人物来说太重要了，所以我坚决要求保留，原汁原味地保留。

季　进　　是的，传教士对容金珍的影响既潜移默化，又深入骨髓。我想到《人间信》里的奶奶这个形象，最后的安排是奶奶失踪，也是隐居于寺庙，情节看起来比较离奇，为什么会这么设计呢？在你的小说里面，对成年女性的智慧、坚韧表现得很亲近，你非常愿意去表达这些东西，而对于成年男性，你表达的更多是他们的无能或堕落。两者对比强烈，这是基于什么考虑？

麦 家 这就要说到我自己。这部小说不是我的经历，而是我的精神历程。我生命的底色是女性，或换句话说，女性一直是我生命底色当中的一抹亮色。我的父亲不是"潦坯"，他很能干，农村的活儿样样都能干。他的问题是他太能干，太自以为是，导致得罪了很多人。（我们家本身是有"原罪"的，爷爷是基督徒，父亲娶了一个地主的女儿，"革命"不来的时候，没什么好怕的，大家甚至还有点惧怕他，"革命"一来，作为一个"身上有尾巴"的人，他一下子就被人摁倒在地，整个家庭进入了黑暗，我的童年也陷入了黑暗。）我母亲是大家闺秀，出生在地主家庭。我外公的地主身份不是世代传承下来的，是通过自己打拼做出来的，发家的时候我母亲已经长大成人，所以我母亲没读什么书。她天性和善，生而有一副菩萨一般的慈悲心肠。我母亲叫骆观凤，观音菩萨的"观"，村里人常常叫她"活观音"。我父亲坐牢的时候，村里有两个人上门，非要我母亲跟父亲离婚，跟他们结婚，说我父亲不可能出来了，要死在牢房里。但我母亲始终坚信我父亲会回来，她也确实等到了。到我父亲去世时我还是恨着那两个人，而我母亲早原谅了他们。我父亲八十四岁去世，我母亲那时也有八十岁，你无法想象，她伤心得整天以泪洗面,每天哭、无声地哭、梦中哭。我父亲真的不是那种很优秀的男人,大男子主义,对人很粗暴,但我母亲对他的爱完全是信徒一样的。

季　进　　真的是菩萨心肠。

麦　家　　我母亲经常跟我们说:"我们家不容易,你父亲不容易,我们这条船能够撑到今天,我已经充满感激。"也不知道她在感激谁。但确实,我们摇摇欲坠的家庭最后还有一个完美收场,她的内心充满了感激,感恩戴德。受到她的影响,我的小说里女性的形象总是高尚的、坚韧的,是支撑整个世界的,这也是我生命的底色。所以我才会说,这部小说虽然写的不是我的经历,却是我的精神,是我精神的不自觉也不抗拒的一种流露。

季　进　　从女性形象说到你的父亲,小说里父亲的"潦坯"形象确实写得特别精彩,令人印象深刻。其实你的小说里还有不少男性形象,甚至是疯男人的形象,比如瞎子、安在天、上校等人,都是不同意义上的疯男人。《人间信》里的父亲也好,"我"也好,还有一些没有名字的人物,包括"我"也是到小说最后才通过奶奶之口说出了"我"的名字,是不是可以说,你的作品里有个"疯男人"这样的形象系列。你塑造了一个堕落颓废的父亲,但是小说依然取名为《人间信》,这里面是不是也有一种悖论?当然可能人间"信",更多的是信仰、信念,不一定来自父亲形象。

麦　家　就是这样，这种"信"才是有价值的信。如果说你生活的一切都是美满、幸福、顺遂的，那么这种对生活的"信"，是没有经历过考验和拷打的，某种意义上说是浪漫，不是人生，不值得信，《人间信》中的这种"信"才是真正的信，千辛万苦，百折不挠，无条件下的信，像宗教一样。

季　进　对，只有经历过了，才能真正地"信"了。

麦　家　对于父亲这个形象，读者评论里存在两大声音，一个声音是他们很希望恨父亲这人，但最后还是恨不起来；另外一个声音是，按照写作的正常规律，或是人物的成长史，我最后肯定会把他"捞上岸"，救赎他的。尤其是他从监狱出来后，对母亲和小妹讲话时的那种豪爽，感觉像他经过了生活历练，要重新做人，要做一个好男人了。但几个月以后他去了日本，在那儿变成了一棵"毒草"。他在国内只是一个"潦坏"，去了日本后完全变成了坏蛋，吃喝嫖赌，最后嗑药嗑死，十足是一个一败涂地、十恶不赦的男人。很多人对此感到遗憾，认为我应该救赎他——正因此，我不会让这个人"上岸"的，这是我关乎一个故事如何长在读者心上的经验。这部小说的主角还是女性，除了"潦坏"父亲，小说里的男性都不是很正面的形象，包括阿根大炮和他的八个儿子。我在小说最后也说到，这个世界最坏的是男人，越成功越坏。这可能是我对人生的一种很褊狭的理解，至少《人间信》里面是这样。我并不是对所有男人有偏见，我在其他小说里的男性形象都比较伟岸，如安在天、容金珍，只不过在《人间信》里面，我想表达一种负面的男人形象。

季　进　　这一点还是比较明显的，小说中女性形象都更加可爱可敬，甚至包括小姑。小姑大概是唯一一个有头无尾的、没有完整故事叙事的女性形象，似乎到最后才含糊其词地提及她的死因，这是有意为之的吗？

麦　家　　其实小说最后对小姑死因有很明确的交代，这本身也是我对男人和女人伦理的一种阐释。小说刚开始，我确实是故意把小姑的死作为一个悬念，不作解释，但最后还是精心写了一千字加以交代。你看第160页，奶奶因为"我"父亲被打成"反革命"，自杀未遂，有一天消失掉了，"奶奶今天把自己杀死了，像传说中的小姑一样"。然后我另起一节，我专门写到小姑不是传说，小姑是真的。那么小姑为什么要死呢？小说里对此有非常具体的描写，比如"她的皮肤像牛奶一样白，人像一朵花一样好看、漂亮"等等，"但是她的漂亮并没有给她赢得最基本的尊严"，她出生就如她的绰号一样，是"六指"，是人的第六根手指，是多余的、罪孽的。在父亲的对比烘托下，小姑生来是个错误。作为一个男权社会中的女性，她再漂亮、再懂事都是零。如果她和父亲不是龙凤胎，这种对比性不会那么强——然而，在一条"龙"的衬托下，小姑从"凤"变成了"鸡"，更何况父亲是一条"恶龙"，在"恶龙"面前，小姑是一只落荒而逃的"鸡"。我记得有几句话我写得非常形象："小姑处于一个最危险的状态，处于极边缘地带，悬崖边，好像随时会裂开、解体。

女人生来是只有不幸和愚昧、忠贞、慎从，男人乐于利用这种疾病，像商人乐于利用人的无知挣钱。""随着少女的觉醒，她自身越来越痛苦地意识到了这一点，所以我真的不知道小姑为什么要在那个月光皎洁的夜晚踏上那条黑暗的不归路，尽管我曾多方探听，却不曾有所获知。"其实几句话已经告知答案了。小姑不能接受一天二十四个小时都处在对比的状态中，这种对比让她羞愧，让她自暴自弃。这其实是对于妇女的不平等处境、对于歧视、对于损害妇女行为的一种抗议。她的自杀，不是因为失恋，不是被父母痛打之后的一种冲动，而是对于生命从来不存在或者生命一直被漠视的绝望。就是说，她从来没想到自己的生命是值得珍惜的。

季　进　经过你这么一分析，我完全能够理解小姑这个形象了。

麦　家　我相信一个有心的读者，会看到这一点。这其实就是一种劣根性，尤其是生活在男权社会最底层的乡村妇女，往往受尽欺压，几乎每个乡村都有自杀的女性。这是我（身为）写作者的一点苦心，虽然对小姑这个人物着墨不多，但其实是小材大用的，她奠定了这部小说的基调，她在小说中是有一种隐喻性作用的。

季　进　所以这个小说还是需要细读、再细读。说到小说叙事，《人间信》采取了片段式的叙事方式。虽然你以前的作品里也有非常明快的叙事节奏，但这部小说的叙事声音同以往还是有点区别的。比如说短句，有的地方短句用得比较多，有的地方还用括号作为一种解释性的补充说明。逗号也比以前用得多，所以给人一种多声部的、细密化的效果。我觉得细密化的多声部写法、分节分段的小说叙事形式，跟通常意义上讲究流畅叙事节奏的小说，两者之间看起来存在一定矛盾的。这会不会影响到叙事节奏，进而带来叙事节奏的一种断裂？如何既保持叙事的节奏、张力，同时又能够采取比较独特的叙事方式，让二者形成比较良好的互补关系？

麦　家　这其实是我有意为之的尝试。

季　进　我相信你是有意为之，我想知道这是出于什么样的追求或用意？

麦　家　你知道我一直有强大的叙事能力，特别擅长写故事。我因为擅长写故事而被人喜欢，也被人诟病。要讲好一个故事，我有的是十八般武艺。如何不通过故事的方式来完成叙事，是我这次给自己设定的难题。《人间信》完全是剪碎的，这绝对是有意为之。《人生海海》有个强大的故事，是强情节，无论怎样颠来倒去，都在表现上校经历的传奇性，他的性格，他的经历，本身能让上校这个人物立体起来。那么在《人间信》里，我为什么故意把故事剪碎，把故事放下，甚至消解故事，让读者在沉思默想的时候自行组织故事呢？主要我是想在叙事语言上有所创新和尝试。首先是多用短句子，其次故意让一些语言带着泥土气，再次是故事剪碎，句子剪短，包括你刚才说的碎片化，多次使用括号，其实也是想让小说中出现多声部，让节奏慢下来。节奏慢下来的目的是让人物停下来凝视读者，或者说让读者去凝视人物的内心。这些做法对我来说，是一次非常难能可贵的尝试，我放弃了自己最擅长的故事叙事，特地给自己设定了挑战目标。现在看来，基本还算成功。已经有朋友说这部小说的语言松弛而精准，有大信、大义存焉；也有人说这次的语言更高级，让人感觉好像衣服穿在身上，特别贴身。如果真是这样，我的努力也算没有白费。

季　进　我觉得这个形容很好，真是有很贴身的感觉。

麦　家　你想象一下，这部小说如果使用快节奏的语言来写，会是什么感觉？

季　进　那它完全是另外一部小说了，应该说，这部小说的语言形式、叙事形式还是很成功的，跟你刚刚提到的要表现的那些内心的羞耻感等是相吻合的。

麦　家　是的。

季　进　我们再回到小说，小说用了快照式的方式结尾，像日志、摘录这样的形式。这种处理方式跟前面慢节奏的碎片化叙事正好形成了一种张力。这是不是也暗示了你对未来小说的走向有一种不安定感，小说里面人物的命运，《人间信》未来的故事，他们将走向何方，其实你也有一种不确定性？

麦　家　不能这么说，开始的章节"绳子"应该叫"引子·绳子"，后面的"众声"应该叫"尾声·众声"。前面就是一个引子，后面完全跳开来，是一个尾声。尾声部分可以说是作者的跋，但我还是把它放进小说。对此可以有两种理解，第一种理解算是我小说创作的一种尝试，第二种理解来自部分读者，认为我在耍酷，炫技，显示我读了很多书。我觉得不管怎么理解，这一部分其实完全是小说整体之外的，并不暗示着我下一部小说要干什么。当我写完奶奶找到了以后，我心里确实有种强烈冲动：奶奶的事情到此为止，我不想再提，也希望读者以后不要问我奶奶是怎么找到的，是什么时候去世的，去世之前谁在陪她，等等，我不想说。这是我当时写到奶奶被找到时非常强烈的一种感受，没什么犹豫，直接表达了，然后还有一些类似的感受，有些是说明，有些是申明，有些是交代，有些是忏悔，就这么东拼西凑了一个"众声"，也是"尾声"。

季　进　你其实已经回答了我下面的这个问题。《人生海海》《人间信》都是你转型之后的作品，它们其实有一些共同性的元素，包括抗战、革命、英雄、吃喝嫖赌、乡村家族、糟糕的家庭关系等，但文本的质地、艺术效果又是非常不一样的，在人称、叙事、语言等方面你也做了很多尝试。不过基本上还是在写实的轨道上不断变化，以后你有没有可能去尝试一些更加后现代的，甚至更加魔幻的写法？你刚才也说了，第三部可能在这方面会有一些努力。

麦　家　三部曲的第三部应该还是这种风格，但我想在写完"故乡三部曲"以后，写一系列后现代小说，完全跳脱写实。从风格上来说，可能会追求类似若泽·萨拉马戈（José Saramago）或者卡夫卡那种有点荒诞但同时带有象征意味的写作。我刚才说人一直在学习说假话，我很想以这个为背景写一篇寓言小说。当然啦，到底怎么写，我现在还不知道。

季　进　如果完全转成这样一种创作风格的话，你会不会担心失去不少读者？一般的读者可能接受不了也欣赏不了这样的作品。

麦　家　虽然我心怀读者，但其实我当初写《人生海海》的时候，就已经做好了被读者抛弃的准备。

季　进　事实证明，《人生海海》之后，读者没有抛弃你，反而更多了。

麦　家　所以有时候不要杞人忧天，谁都不知道读者喜欢什么，只有写出来以后，读者才会表达喜欢和否定，我才知道最后的结果。我当初写《人生海海》，在内心里强烈地告诉自己：受益于被改编成影视，我的小说才有了广大读者，但也被误解为通俗小说。在中国每部小说销量都超过100万册的作家不多，作品畅销确实是我的荣幸，同时也带来了不少无凭证的指责。很多人觉得销量3000册是一个文学标准，超过3000册就是通俗作品。这些声音自私自恋，不会影响我，但我确实做好了《人生海海》销量超不过100万册，也就是跌破我小说底线的心理准备，因为它毕竟是乡村题材、童年视角，这种小说很难畅销。但我没想到的是，它比我以前的小说都畅销，现在销量已经快400万册。

季　进　　短短几年就有如此骄人的业绩，这绝对是当代文坛一个奇迹。

麦　家　　而且我认为它已经进入了一个常销的状态，每年销量都很稳定，大几十万册。这给了我一种自信和安心。我现在的写作，绝对不会为了畅销而选择写什么、怎么写，我已经放下了这些东西。我最关心的是确定一个方向后，能不能顺利把山头攻下来，这是我唯一的考虑。我刚才也说了，后现代小说不是那么好写的，所以体量上可能会小一些，我现在的小说都是几十万字，以后想先尝试写个五六万字或者七八万字。

季　进　　当代作家中尝试这种现代风格或者后现代风格的叙事文本不是没有，但确实比较少。

麦　家　　正因为尝试的人不多，或者说尝试的人很少被读者接受，我才想尝试一下。我心里一直深深爱着文学，愿意为文学放下很多事情。我现在什么都放得下，孩子和写小说除外。既然我那么爱文学，读者又给了我一定特权，我完全不需要为生计和名利去写作，就打算尝试一下，像竞技运动员一样，挑战一下自己。

季　进　　非常期待你的尝试，当代文学需要更加多元、更具个性的文学尝试。刚才说到的影视，正好是最后一个问题。你的作品之前多次被影视化，《解密》《暗算》《风声》等作品的影视改编让这些小说深入人心。但是在《人生海海》，尤其《人间信》里面，我感觉到你开始有意识地跟"可改编性"进行周旋与抗衡。比如《人间信》下卷整体的情感密度是非常大的，很多地方与先锋戏剧的长篇独白比较相似，这从影视改编的角度来讲其实是很难的。对吗？

麦　家　谈不上有意为之。当初《解密》《暗算》《风声》也不是我的有意为之，那时候我名不见经传，《解密》被人退了十七次稿，谁能想到出版以后如此受欢迎？这其实是我一贯的写作态度，我也经常跟同行说，你们写小说时根本不要考虑影视不影视的问题，谁也不会想到有一天《繁花》改编的影视会那么火。我觉得这是一门玄学，真的不要去考虑你的作品将来有没有被改编的可能、影视改编以后能不能火。《人生海海》有一个非常强大也非常适合影视改编的历史和故事框架，但至今也没人来改编。当然有很多人在和我谈它影视化的问题，这是另外一个话题。相对来说，《人间信》中适合常规影视化的元素少得多，但很难说会不会有一个导演就喜欢这种风格：他不想要强情节，他要内心，他要细腻，他要那个时代的昏暗光线？那么他可能就会来找我谈影视化的改编。有很多作品虽然卖出版权并且影视化了，但依然悄无声息，还有些作品碰到好机会，被影视改编后广为人知。所以，在写作小说时不应该考虑这部作品的影视化有没有出路，如果有人专门冲着某个导演而写作，我觉得这是蠢的。导演需要作家提供的恰恰是他自己平常想不到的内容，如跟小说原著相比，《繁花》电视剧中已很难找到小说的影子，但它触动了导演的某根神经，这一点很要紧。我曾经在微博上写过，金宇澄给了一个支点，王家卫就把地球撬起来了。作为导演的王家卫可能接受了金宇澄小说中的信号：

对（20世纪）90年代的怀念，（20世纪）90年代的民间性、（20世纪）90年代的混乱，被金钱冲昏头脑、跟着金钱色乱情迷等，导演往往被这些启发性的内容打动，然后才有创作冲动。至于具体的故事，导演可以根据个人喜好来编的。由此，我奉劝我的同行尤其是年轻作者，写作小说的时候不要想到影视化，想也是白搭。

季　进　你作为过来人，希望你的这些大实话，能对那些为影视改编而写作的人有所警示。现在这种倾向已经蛮明显了。

麦　家　为影视改编写作，最后会被影视抛弃；为自己写作，说不定有一天会受到影视的青睐，因为作品中的独到性可能得到某个导演的欣赏，被挖掘出来。比如最近很火的《我的阿勒泰》，谁能想到这部作品也会影视化？作者写的时候可能也没想到吧。《繁花》和《我的阿勒泰》是两个极端的例子，《我的阿勒泰》甚至不是小说，它是散文。恰恰是阿勒泰那种质朴的生活、异质的环境、辽阔的旷野风景、多民族之间的文化冲突和交融，被导演看中、欣赏，拍出来以后才得到异常热烈的反响。

季　进　很多年前我就把李娟推荐给了王德威，后来他还推荐学生去研究李娟的作品。她的作品一般人写不出来，只有拥有那种生活体验的人才有可能写出来。

麦　家　她的作品确实很异质。所以我说，写作不要趋同，趋同肯定死路一条，不要跟着别人写，一定要跟着自己写。如果你身上有一些异质的东西，能够表达出来，也不一定被人认可，但有被认可的可能——也许有一天被人认可了，那就是你的福气。我觉得这是我们作为作家在一定意义上必须做好的心理准备：写作不一定会被他人接受，一旦被人接受了，就暗自窃喜。

季　进　真正的创作应该是一种异质的文学，是属于自己的异质的文学。

麦　家　对，异质有时候是天生的，比方说我童年的经历，导致我内心和别人不一样。我的内心非常敏感脆弱、压抑幽暗，这不是常态。在一个思想解放的时代，我慢慢地敢于直视它，直面我自己以前不敢直面的东西。每个人的内心多多少少都会有一点阴暗面，但是我说出来了，以小说的方式，别人没有，我成了异质，成了特色。

季　进　直面内心的幽暗是需要勇气的。

麦　家　只要是真实的，我都愿意说。我可以毫无保留地在读者面前、在小说面前、在文学面前，奉献我所有的才能、所有的秘密、所有的才华、所有的岁月，就怕有时候，年老力衰后，心向往之而不能至。

季　进　从现在看来你绝对是很成功的，已经成为中国当代文坛不可忽视的存在。

麦　家　承蒙夸奖。

季　进　这么美好的上午，有这么深入的聊天，真是开心。谢谢，期待下次再聊。

爱一个人是容易的，恨一个人也不难，要爱上一个可恨之人兴许有些难度。我相信，当一个人爱上自己可恨的时代和苦难的命运时，他将是无敌的。

从最私处起手，去拥抱高贵的文学现实

采访者
骆以军

2019 年 4 月 16 日

2010年夏,安民兄(初姓,《印刻》主编)首次邀我去台北参加"印刻文学节",骆以军是文学节的常驻嘉宾(另有张大春、唐诺、朱天心等),然后就认识了。见面前我看过他的《西夏旅馆》,当时此书的简体版尚未在大陆出世,却在文学圈里暗流涌动,大受人谈捧。我看的是复印件,厚厚的一堆,复印效果不好,我用两盏台灯合在一起照着看,看得很吃力,却一直不放手,像在看一本任务书,或情书:非看不可的。我看到了文学的别样异彩,才气冲天,华盖绿荫,天赋之才如深秋之寒扫落叶一样洋洋洒洒,遍地都是。对比大陆作家,我想到的是莫言,但明显他比莫言蛮野、出世。他(作品)是分裂的,一半古,一半洋(一半火焰,一半海水);他是残酷的,杀妻、弑父、断亲,兄弟反目,化友为敌,充斥着残忍、暴力、背叛、死亡;他是灵空的,平地拔楼,古今通关,点石成金;他有无边无际的想象力和浑然天成的小说本能。他让我妒忌了,我暗暗地想结识,又隐隐地怕见面:是一种崇尚心理。见了面,随便的穿着(失形的旧汗衫、大裤衩),冷漠近乎木讷的表情,便秘式的谈吐,一下让我放下了紧张,(我对他)却更加崇尚起来。这个对话是他看罢《人生海海》后做的,我们都不擅长聊天,是通过邮件完成的。我的新作《人间信》他也在第一时间读了,他一直对我的小说有好奇心,让我颇有满足感。

骆以军 20世纪有一些小说巨人,创造的主人公是某种奇特的职业,譬如卡夫卡《城堡》的土地测量员,萨拉马戈《里斯本围城史》的校对员,乃至帕特里克·聚斯金德《香水》里的天才香水制作师。他们皆是干着一种人类之前陌生的、不太能将之实体化的、比较抽象的专业。当然也给予了读者一种前所未有的"现代感":人的个性、天然性被剥夺、异化,依傍于那门极专业之技艺,异于正常人类的能力,或工作所需付出的牺牲,远远脱离那个古典时光的地表。这若有天才说故事者,不仅是以其"怪异"隐喻这一百年,难用之前古典感性将之投影的"变形记",且能熠熠生辉。

您的《暗算》,在我心中,便是这样一部"奇中奇,谜中谜,局中局"的厉害小说。台湾读者即使未读过原著,或鲜少不闻改编的电影《风声》《听风者》(当然您可能会对小说改编的电影,暗自有一大桶苦水)。神秘的701——破译局——里头有一拨奇人,像阿城《棋王》中的绝世怪咖天才,或张爱玲"白流苏"那样精算但"女妖精"般的世界级数学天才,或那位退休后仍展示其后延异异能力的、慢速疯狂的老人。这些灿烂珍珠般的"特异功能者",却一齐被禁锢在一个国家机构,讳莫如深的"最""极"机密的密码筛滤机中,故事的阳面写他们如《唐传奇》中飞仙剑客那神之又神的能力;故事的阴面,其实他们是像波拉尼奥《荒野侦探》中那些追寻"迟到的西方、现代"而内部快闪加速超车,终于崩坏疯掉的小小个人的选样。您把"乌密",最高阶的密码破译,写得让人瞠目结舌。西方必须十年、二十年才可能破译、失效的变态密码，在这小说中出场的几人，竟然一个月、两个月，以其奇特大脑构造，便将之破解。对专业细节的历历如绘，确实把"神奇的写实"带进一个读者着迷的境界。但这些天才在现实人生中的境遇，却又伏笔写进如哈金《好兵》、格非《春尽江南》、金宇澄《繁花》，这些小说群阵，那让人百感交集，"换取的孩子"，这几十年中国的时光变幻，单一小人物在更大的超现实运转中，"到底是谁设计的这一切"的荒谬与悲剧之必然。

我想或许许多地方访问您，都问过这个问题：何以能创造出那样一批，那么真实却又超现实活着的人物？也许您已颇烦这样的提问，但或愿意和台湾的文学读者谈谈这个奇特的书写？

麦　家　我喜欢回答这问题——尤其对你，因为这问题也是你的。我以为，我笔下的奇人"听风者""看风者""捕风者"，并不比你书中的"洗梦者""卖梦者""异乡客"稀奇；我的在铁钢的"墙"里，你的在历史的"缝"里，他们殊途同归，归到读者陌生的阅读经验去。我猜测，你落笔之初便有谋算：我不要写邻居，不要同窗亲情，不要贩夫走卒，不要庸碌之辈；我要反日常，反生活，反经验，反记忆。这是小说的一路，甚至是起头的大路。这时候的小说是天真的。后来大路分岔，岔出各种现实主义的小径，小径合流，像搞联合政府一样，并成一条新大路，到了19世纪末20世纪初，基本上把来路断了。小说的这一路开始忧伤起来，但仍旧不乏天真一面，所谓"天真的感伤的小说家"（帕慕克）大抵是指这一路。到20世纪20年代后，感伤变成了愤怒（冷漠、清高的芯子也是愤怒），天真变成了调皮，小说的台子（广场）被四方拆解，小说家开始跟各种现代主义思潮联姻，拉帮结派，各自为政，吹拉弹唱，自娱自乐。这时的小说是不敢天真的，小说一天真，"文学的上帝"就嘲笑，骂你浅薄，没有思想，没有诗意。这一路走下来的下场是，小说走出了读者的广场，走进了文学史。直到加西亚·马尔克斯的出现，小说天真的一面几乎被他以一己之力牵回头。

我从马尔克斯包括博尔赫斯那里，看到了恢复小说天真一面的契机，也受到诱惑，得出的结论是：要写奇人。别指责我不写常人，常人也是人，难道奇人就不是人吗？我们要写的是人，难道奇人就没有人性？我的父母是最通常的人，农民，过着最日常的生活，但他们的生命里其实并无太多人性的考验。他们是沉默的大多数，看日头作息，只为一副胃肠，甚至连爱情、孤独都不大有，小小的山村就是天下，如何让他们来体现复杂泥泞宽广的人性？人性只有在极端的条件下才能充分体现，这个任务我觉得奇人应该比常人更容易出色完成。可以说，这也是我要写奇人的"思想基础"。

当然，奇人是各式多样的，为什么我不去写"风清扬"，不写"棋王"，不写"弗洛伦蒂诺·阿里萨"？这必定跟我的经历、知识面、兴趣点相关。战略性地选择哪里开战是可以谋划的，但仗怎么打，到战术层面，其实是没得选择的，只能跟自己打，抽调自己的各种积累。我无须向你强调，我写的都是虚构的——难道有那么多极端又典型的人事坐等我花钱去收买？当然，虚构不等于虚假，虚构是为了更宽广而深入的真实。格里高尔变成一只甲虫笃定是虚构，但人在重压之下变形、异化，这是现代人的一种集体真实。至于为什么是一只甲虫而非臭虫？为什么那家庭是那种人物关系？那屋子有哪些家具？等等，正如我为什么要写"特别单位"而非"特别旅馆"一样，都源于作家自身经历，尤其是内心经历。我们有理由怀疑卡夫卡梦见过甲壳虫（或捉拿过），我小时候经常做同一个梦，一只翅膀张开来像蓑衣一样的大鸟把我叼走。这只大鸟是英雄，我渴望它救我逃出那个令我倍感孤苦的小山村。这跟我后来写了那么多天才——所谓的英雄，或许是相干的。同时我本质上是个悲情主义者，内心敏感脆弱，致使我对人性恶极度恐惧。我缺乏足够的无知让英雄无畏，在我的认知里，枪打出头鸟，一旦成为英雄，就有明枪暗箭对准他，且自身本性中一些劣根也会暴露，所以最后他们都被摧毁。说到底，奇人也是人，他们在才艺上有异禀天赋，在人性里，在命运场上，并无特异功能；他们像一只被吹鼓胀的气球，更易于被外力和自己戳破，破的时候就是无异于常人了。

骆以军 对我这样一个台湾读者，（20世纪）90年代以降从韩少功《女女女》《爸爸爸》，一路读阿城的《遍地风流》、莫言的《生死疲劳》、贾平凹的《古炉》，乃至阎连科的《四书》。可以说，是缺乏现实临场经历的心灵史。这有文学史家与评论家之庞大档案，我只是个小小读者，但也像油画一样，层层覆盖了一种"文学赠予的印象"。一些政治运动,错综交织着一种劫后余生者的全景的观测、回放、沉思。

一如昆德拉的《笑忘书》、库切的《耻》、格拉斯的《铁皮鼓》,很多时候,"某一个时期,为何置身其中的人集体疯了"是一个小说家要不断复返、探问的超乎个人的道德辩诘。不是直描暴力本身,而是透过昆虫学般冷酷的收集、记录,找寻出暴力是怎样如一粒煤屑,不可思议地滚动,最后形成一将整代人吞噬的巨大黑洞。问题可能比我们这样的局外人要复杂,包括"遗忘",或"是不是该遗忘"?

《人生海海》中的上校(又号"太监"),环绕着他的"那话儿",极似昆德拉说的"赫拉克利特河床"——"萨宾娜的礼帽",同样的一个物件,竟然在不同时代、不同人所各自遭遇的、收藏的秘密中,有那么大差异!故事的推展、回溯,让读者接收到一种剧烈的震颤。而这种"以为黑其实是白""以为弱其实是强""以为恶其实是善""以为至善其实为人心最不幸的扭曲",那种多层次堆栈的次第认识论崩塌,而后重建,其实是极高级的推理小说才能达到——如今的读者多么难以情节的翻转惊吓之。但这小说却将"与生命本身冲突的人心",其超乎人能忍的痛苦,内禀于其中每一个关键人物。包括"我"爷爷,包括最后退化成小孩的上校的老伴林阿姨,这样最具备良善、古老教养、美好的人物,都在最关键的时刻,出卖过上校。我们一边慨叹这个民族在一百年内,人们多像被放在变态的磨坊碾盘上碾碎的谷糠(张爱玲这么说她的父母),不,更像大型强子对撞机,那是已将人类形态与最低微的公平对待,都完全烧熔、扭曲的超现实处境。

某部分来说,"上校"其实还是"麦氏签名"的顶级谍报小说主角,但这小说写的不是谍影幢幢的战场、欢场,而是"其后",他明明是英雄,但小腹曾因"为国捐躯"而被刺上"耻辱之符",于是形成一个对主人公不断施虐的"时光",一个不断加上人心变态形貌的涡轮机。阅读这小说时,我出现一种奇异的情感,好像从年轻时读的鲁迅、沈从文,那些承受痛苦的身体和心灵,一路到莫言、贾平凹、韩少功、余华、金宇澄、格非,甚至刘慈欣的短篇……我竟然出现一种"时光的赎偿":这么一幕换一幕,一个年代换另一套(如莫言的《生死疲劳》),这么巨大的对人的摧毁,为什么没个尽头?没个兑价偿还的救赎?包括小瞎子、"小胡子"、"我"祖父、公安、法官、林阿姨,以及当初强奸林阿姨的阴险长官……所有人像相濡以沫的将死之鱼,缚绑在一个集体的、群众的、不知为何可以无限放大的残忍。我觉得上校像是中国文学第一次出现的近乎"耶稣"的受难者。

能否请您谈谈,从最初,到整部小说发展中,您是怎么创作、"长出"上校这个人物的?

麦　家　我不敢保证能说清楚,甚至我也不想说清楚。说说"宇宙爆炸"的第一推力吧。我老家有座老庙,一度香火很旺,"破四旧"时庙里的和尚被迫还俗,庙屋一直空置,成了鸟窝兽窠。四十四年前,村里决定变废为宝,拆掉庙屋,用老砖木造新校,大人负责拆和搬运大件,我们小孩子负责搬小件,主要是砖瓦。山高路远,我才十来岁,一次顶多搬五六块砖,中途要不停歇脚。一次歇脚时,看见一大人,四十来岁,挑一担粪,在百十米外的田埂上向山脚下走去,阳光下他浑身发亮,腰杆笔挺,步子雄健。我不认识他,多数同学也不认识,因为他是隔壁村的。有个高年级同学,似乎很了解他,向我们兜了他不光彩的底:是个光棍。为什么光棍?因为他的"棍子"坏了;为什么"棍子"坏了?因为他当过志愿军,打过仗,"棍子"在战场上受了伤,只剩下半截。以后我再没有见过这人,但他也再没有走出我的记忆,那个浑身发亮、腰杆笔挺的黑影一直盘在我心头,给了我无数猜测和想象。这就是"第一推力",像鬼推磨,经常推得我晕头转向。他的真实情况我不知道(也无须知道),但我想肯定和上校不一样。我也不相信生活中能寻到像上校一样的人,这全然是我创造出来的一个艺术人物:一个无所不能的能人,又是一个一损俱损的无苦不吃的受难者。我在创造他的同时也创造了我自己:一个天真的感伤的小说家,一个能调动认知和情感创造文学现实的人。现实本身并不迷人,像那个黑影,我不相信他能经历那么多;从他到上校,像一滴颜料到一幅画,我要给出去很多。这决定我要有很多,包括人生感悟,包括文学经验。所有作家都声称自己在描写现实,但许多作家只是在写实在的作品,而非现实的作品。单有个人经历和认知,缺少文学经验,只能写实在的作品。真正现实的作品不是指生活现实,而是文学现实,它是天真的,迷人的,高于生活现实,又融于现实生活。

莫言看了这小说，对上校这人物有个评价，说他也许在现实生活中永远找不到，又"仿佛是我们的朋友"。我觉得这就是小说造人的原则——生活中没有和又仿佛是朋友，两者缺一不可。一般情况，前者容易做到，后者难。但这一次，我要从人的最私处出发去抱拥高贵庄严的文学现实，在最不可描述之处着笔，在最接近一个下流故事之处长出一个高尚的故事，刻画一个让人同情、敬重的受苦受难者的形象，我深感并不容易。

骆以军 "还有多少秘密可以被挖出来？"我想这是让您这部小说的读者，愈到后来，心中愈会冒出的震撼。每一个原本像《清明上河图》，在那鸟瞰画景中的群众，一旦用鼠标拉近再拉近，每一个从幽黑人心深矿凿挖出来的"真相"，都把我们所站立的这个光天化日、理所当然的世界，全颠了个倒翻了个转。

这真是不可思议，环绕着主人公上校——他既是神医、抗日英雄、有根神屌的男人，心灵上的男子汉，却也是造成故事中所有人坠落、受难，让读者掩面矜默、瞠目结舌的祸源——如一出希腊悲剧，他就像俄狄浦斯，那些被重新翻出的人心暗黑恶劣，太残酷了！

我想这部小说或许许多人会有这印象或评论：这不是"麦家式的小说"。您放下了一个最严谨训练之谍报员、顶尖的破译者的壳子，第一次感受您的"活在这时代，这样一生流逝时光"，细说自由奔放的感悟。这些故事中的人群，合于小说家演奏之曲式,由故事的火车站各月台,分派进出站的四面八方列车。那么井然有序地一个个活生生地走过那些其实所有人都在那样艰苦活着的不同时代的背景。但这些人,"甚至比一般人更高贵一点,更可爱一些的人们",在您的演奏中,以不同方式,向我们展示人心黑暗可能旋转的惊人景观。不用说,这次我们得到的不再只是一个谍报故事,破译者种种秘史那样的"奇之又奇"、惊异与悚怖、真理在最后一块拼图放上的叹服。这次我感觉您"有更多话想说",您,串连、走过了一块块河流般的,将"不同时期的中国俄狄浦斯、哈姆雷特,如鲁迅的祥林嫂、沈从文的'丈夫'等的这许多的不断变形的人的一生",变成一条麦家个人的神秘河流。除了恐怖,其实还有温暖和高贵,还有修补巨创的爱。能否请您说说这"多出来的感慨"?

这很奇妙,这是个非常长的,绳索串着漫长时光,多组人的冤恨、痴妄、残酷的报应故事,但同时也是一个非常长、非常长的绳结之索,一路解开缠困,人们在其中生老病死、斗转星移,长恨如歌的、宽恕的故事。

麦　家　其实还是"麦家式"的,只是我更具备了文学经验。文学经验说到底是一个如何使小说迷人、动人的经验:从迷人入手,向动人靠拢。以前我的小说写的大多是在"赛场上"的"运动员":特别的单位(701),特别的人(天才),特别的事(英雄的诞生和毁灭)。因为"特别",占尽迷人的天时地利,但也因为"特别",丢失了一些让人感同身受的亲近。读者也许会觉得这种人生离自己远,不易认他们为友。朋友交不成，文学现实就没有完成。文学现实就像玫瑰精油，每一朵玫瑰都认为它是自己的，读你的作品像在照镜子。

上校这人其实还是"运动员"，但我不把他放在"赛场"上写，他出现时是个"体育老师""教练"，身边围一堆平头百姓，他平时跟人朝夕相处，嬉笑怒骂，他的命运跟多人交织在一起。他解甲还乡，凤凰变鸡，已跟鸡鸭做成邻居、交成朋友，然后再揭开他"凤凰"的过去、"虫子"的后来——他后来连鸡鸭都不如呢。从"凤凰"到"鸡鸭"又到"虫子"，体现的是一种命运的残忍，而在残忍面前他表现得足够有尊严，就更加是我们的朋友了。

人生海海，起落沉浮，苦乐无常，我想写一个人的苦难，一个人忍受苦难的能力和限度，写一个人与时代和命运的纠缠和友情。爱一个人是容易的，我们身边有那么多可爱的人；恨一个人也不难，世上有的是可恨之人。要爱上一个可恨之人兴许有些难度，但最难的无疑是爱上自己可恨的时代和命运。我相信，当一个人爱上自己可恨的时代和苦难的命运时，他将是无敌的，也将是无国籍的。上校是我们的，又何尝不是希腊和英国的？以你的话说，他是"俄狄浦斯、哈姆雷特"。

骆以军 六七年前吧，和初安民先生到杭州，那次我印象极深，第一天去拜见您，第二天我们搭车去乌镇，见木心先生。好像第二年底，木心先生就过世了。那在我个人，很奇幻的挤压在三四天的行程，而且很像走马灯似的在杭州兜了半圈。我想很少会有人将您和木心先生放在一起讨论，但当时我和初先生，确实是从台北搭飞机，直航杭州，而前后在也有些超现实的景框中，见到您，听着您说话。见到木心先生，听着他说话。木心先生是在他的故居老屋，湿冷的破旧大宅，老先生身体已极差，但目光烁烁。

您在饭局后令人绝望塞车阵中，坚持开车送我们。我感觉您很沉默，不多说一些场面话。神思飘在另一个世界，但像小孩子一样固执不愿和玩伴分离（也许是您对待友人的性情）。我觉得我那次对杭州的印象，它属于自己内在小宇宙时光，有它自己吐哺咀嚼的 20 世纪，西方，古代中国，民国，种种。和我去大陆其他城市，不同遭遇的文人，很难说清的孤立成自己的性格。我觉得这个城市应该长出菲茨杰拉德那样的小说家，长出莫奈那样的画家。一种独异于中国其他城市的"见过世面"，懂得西方的浪漫舞步，但又懂得一种非常地道的江南本地霉干菜在瓮中的熟烂霉味。

或能请您谈谈对于杭州，一个小说家在杭州这座城里写作、生活的，一些随性的印象。

麦　家　说到那次杭州相见，我就很难为情。你知道我在说什么，我送了你一个包装精美的空烟盒子，像行为艺术，如恶作剧。其实是我昏了头。以后很长时间我抽烟都会默想起你，也因此多看了你几本小说。这感觉蛮好的。只是期待你来杭州或我去台北当面请罪的机会，迟迟不降。但总是要降的，杭州的话就留着当面讲吧。你也可以理解为我在逃避讲。也许吧，杭州总的讲有大变化，而我们是怕变的，变成簇簇新的，就不好玩了。

骆以军 这次这本小说书名《人生海海》，是一首在台湾KTV、大街小巷，人们耳熟能详的闽南语流行歌（的歌名），您选择用为书名，对台湾读者更添加一种诧异与亲切。能否请您说说，这是怎样的因缘、心情（或许意外能听您说说对台湾的印象），用这样一首闽南语流行歌（的歌名），作为这个其实时光跨度极大，且整个是残酷历史的大故事的命名？

麦　家 我曾在福建待过多年，那时还没有五月天的流行歌，倒也有一首叫《人生海海》的民歌，闽南话唱，听不懂词时，没太多感触。后来对着词听，觉得有一种人生的悲悯和顽强在里面，跟我的"三观"配上，就喜欢听。离开福建时，刚结束了一段感情（初恋），一路都在哼这歌，似乎要从中借一些力量；有时哼出泪，还是无力的。这种感觉大概也是上校活着的况味吧，就把它列入书名备选名单，十来个，出版社居然一眼看中它。那时我并不知道五月天已经把这首歌唱翻了天（年轻人的天，我在另一重天），也不知道出版社为什么看中它。

我们面对的时代太强大了,生活太火热了,风风火火的,泥沙俱下,千奇百怪的事层出不穷;生活成了最大的魔术师,把小说家惊呆了,吓坏了。

后记
强悍的生活
让作家丧失想象力

麦家

2020 年 9 月 9 日夜

写这个稿子时，我刚从浙大邵逸夫医院的重症病房（通称ICU）回来。母亲从客厅去卧室，仅十几米途中，被一个恍惚重重摔一跤，一只肩膀骨断了，一口假牙碎成五段，切破人中及左腮，半张脸眼看着被淤血放大一倍，乌成一只血袋。医生说这并不可怕，可怕的是老人家颅内有一片婴儿拳头大的区域，像豆腐被猫爪扒拉过一样，正在出血。

　　这是离死亡最近的血，任何人的安慰都消不了我的恐惧。

　　母亲十一岁丧母，被继母横眼毒语虐了八年，二十岁嫁给父亲，九次怀胎，生下九个子女（一胎孪生兄弟），养活五个，最后一次，在怀胎八月时被人工引产。我想他们每一个（活的，死的，引产的）都是割了她肉并痛的，我无法想象这是一种什么样的付出。这些，我没有在《人生海海》里写。

　　母亲出嫁时没有一件嫁妆，因为继母说：我养你八年，抵过嫁妆了。外公悄悄塞给母亲五块大洋，算是补了嫁妆，母亲却因此受了半辈子地主女儿的恶名罪。父亲是地主，公公是基督徒（一度等同妖魔），丈夫后来因言获罪，被打成"反革命分子"，判刑三年，死死钉在耻辱墙上，同时又活活要把我们拖大，一二三四五。作为小说家，我有的是想象力，但还是无法想象，这是怎样的一种煎熬、忍受。这些，我也没在《人生海海》里写。

　　我的忍受不及母亲一个小指头，却已经忍不下，积下一团怨怒，化不开，二十几年漂在外乡，不想回老家工作，眼不见为净。但母亲活成了菩萨，十几年的屈辱，一忍而过，不怨不尤，不记一个仇人。五六千人的大村庄，将一个"活菩萨"的雅号独占。这些，我也没有在《人生海海》里写。

事实上，母亲在《人生海海》里几乎被挤出镜头，群众演员一样的，只有半只背影，地位不及上校的两只猫。作为一部我从童年、故乡出发的小说，母亲理应得到更多笔墨，即使坐不上C位，至少要有座位。我排了那么多座次，怎么能不给母亲一个位置？我不甘心。于是一次次调整"机位"，试图把母亲拉进镜头，聚灯光，推特写。却发现总是不对头，左右不是。母亲拒绝走进我的小说，走进来就横冲直撞，搞得我甚是窘迫，和小说的关系异常紧张。我不知道为什么生活中一向谦卑的母亲，到了小说里会如此霸道、执拗、斤斤计较，像被黑字染黑似的黑心。

小说写到七万多字时，我停下来，打印成稿请朋友看，讨主意，寻出路。两位朋友给出一致意见：盯着上校写，母亲是个斜刺，要拔掉。我心有不甘，但也不妨一试，所谓病急乱投医。

怪了，当我听从朋友意见，把母亲放下后，这小说一下子有了力气，甩手甩脚地往前迈开步走了。且，越走越有上校的步调，其他人物无不甘愿做他的兵卒，或明或暗均在受他调度、差遣，即使"我"逃到海外，十多年音讯全无，照样被他吸到身边，别开生面，把他遗下的老账新册盘出来。上校成了小说的绝对主角，不断自动向我敞开内心，向我讲述岁月的沧桑、时代的变迁、命运的浮沉；讲述了他生命的厚度，也是难度，也是温度。我写出了一个始料不及的人物，既有金的炽热，又有银的柔软，既高贵又苦难，既令我尊敬又让我同情。

小说最后，当写到林阿姨暗自在上校遗体边幽幽泣哭时，我突然听到了父亲去世时母亲的哭声，也是那么压抑，孤独，危险，像黑地里的一支磷火在旺。这个不经意的发现让我有了一系列的发现，我发现林阿姨就是我母亲，上校也是我母亲，上校母亲也是我母亲。

我放下了母亲，其实又怎么放得下？我把母亲化开了，一部分给了林阿姨，一部分给了上校母亲，大部分交给上校本人。我在写的时候并不存心这样做，但回头看去，一切似乎就是那么在做，有的是直接复制，像照着镜子；有的是缩小放大，像在变焦镜头里；有的是颠倒，像一枚硬币的两面；有的是转换，像水冻成了冰、蒸成了汽。我足可宣称，世上没有上校其人，当然更不可能有其母和妻。这家人是我心中的母亲化身的，过程既复杂又简单，结果既迥然不同又惊人相似。尤其是我对上校的感情，完全就是我对母亲的感情——这就是简单，是我从身上掏出来的，探囊取物一样。

问题出来了：为什么我不直接写母亲？为什么当初我想写母亲时怎么都驾驭不了？

这可能不只是我个人的难题。卡夫卡曾在日记中这样写道：有人说我喜欢文学，其实何止是喜欢，我就是由文学组成的……组成文学的是生活，但我无法直接面对生活，我会窒息的。当卡夫卡把生活丢进梦里，荒诞里，把自己变成一只甲虫，一个失去日常生活和逻辑的异人怪物，他就活了。许多作家都有相似的经验，生活在远方，在别处，对身边的生活缺乏想象力。想象力，是小说家的当家本领，是翅膀，固然重要。博尔赫斯说：小说是时间的迷宫，是想象的艺术，强大的想象产生事实。这是对想象力的最高表彰。

那么如何才能获得想象力？

我们常说,生活是小说之母,皮之不存,毛将焉附?多年的写作告诉我,想象力不是想出来的,而是活出来的,一个死人是做不来梦的。这次写《人生海海》却告知了我另一条经验:当生活过于强悍时,作家会丧失想象力。经常听人说,中国这几十年龙飞凤舞的,却不见作家写出反映当代生活的大作。我想,原因可能就是我们面对的时代太强大了,生活太火热了,风风火火的,泥沙俱下的,千奇百怪的事层出不穷;生活成了最大的魔术师,把小说家惊呆了,吓坏了。"人类一思考,上帝就发笑",今天中国的小说家也许会说:我一施小说魔法,生活就发笑。中国这几十年的火爆生活本是一部大小说,别说写,看都看不懂。当生活过于强大火爆时,你小说家之内心其实是虚弱迷茫的,正如烽烟滚滚中看不见景致而茫然一样。

母亲对我来说,就是过于强大的事实、强悍的生活。想起母亲的一生世,我的头就低下来,像信徒对着偶像。母亲在我心里已被塑成像,菩萨一样的,我是她最忠实的信徒,只想跪从。你知道,我们写小说时本是菩萨一样有神力的,改天换地,惊心动魄,掌握人畜生杀大权,现在倒过来,人物变成菩萨、作者成为信徒时,小说的天空必将坍塌。因为信徒只会被菩萨改变,而改变不了菩萨。母亲让我崇敬得虚空,丧失了改造她的能力。或许我可以给母亲写个非虚构作品,像蚂蚁搬家一样,一点点搬,一寸寸描,写个纪实散文。而小说是虚构的,虚构的目的是把我的母亲改造成大家的母亲,把局部的事实改造成普遍的现实,我无力也不忍去这样做,只有放弃。

当我放下母亲时,才发现,母亲是那么重。

母亲的重量也是我的力量,虽然我无法把她搬进小说,但毕竟我一直扛着她:她一直在我心里,灯塔一样的,照出光亮和黑暗,助我洞悉人世。母亲以一生的忍辱负重替我称出了人世的斤两，告诉了我人心是多么深奥，人性是多么复杂，人生是多么波诡云谲，我该如何去看待人的高尚和丑恶、苦难与仇恨、悲和喜。有人说，《人生海海》前半部有我以往小说的心计，排兵布阵，跟人物较劲，后半部叙事越来越放松，内心越来越宽广、仁慈，不像我写的。我接受这种说法，并且知道原因：前半部"我"是未成年人，攀不上母亲的视角；后半部"我"人到中年，时时都用母亲的眼光在度量人物。换言之，我不能写母亲的小说，但母亲可以帮我写小说。有时候，我觉得我正在变成母亲，将人生开给她的账单悉数收下。

今天，是母亲滞留ICU里的第十七天，依然生死难卜。因为疲劳和紧张，极度的疲劳和紧张，我一直处于半窒息状态，像溺在水底，一切看上去都那么不真实，那么吃力，那么恐怖。我带着一种迷信心理写这稿子，每天写一点、写一点，让母亲有牵挂，别走。昨天医生切开了母亲的气管，告诉我母亲能否醒来，就看这两天。今天我连忙把稿子收尾，指望这预示母亲能醒来，结束了！同时又担心是另一种结束……这，何尝不是一种"强悍的生活"，我哪有什么心情神力改换现实？不过是在命运轮盘前的可怜罢了。